Leiblichkeit

Studien zur Geschichte des Leibes

Heinrich Schipperges

AFV Ariadne-Fach-Verlag
Aachen 2001

Leiblichkeit

Studien zur Geschichte des Leibes

Heinrich Schipperges

AFV Ariadne-Fach-Verlag
Aachen 2001

ISBN 3 - 929011 – 36-0
Kurztitel:
Schipperges: Leiblichkeit,
Studien zur Geschichte des Leibes
AFV, Ariadne-Fach-Verlag
Aachen 2001

Lektorat durch Claudia Löhrer, Aachen

Vorwort

Eine Geschichte des Leibes liegt nur in Ansätzen vor. Demgegenüber begegnet uns eine vielschichtige „Geschichte der Seele" in dem voluminösen Sammelband „Die Seele" (1991), obschon hier bereits einleitend zugegeben werden muß, daß der „Begriff Seele" aus der Wissenschaft verschwunden sei und nur noch im Alltagsjargon verwendet werde. Umso dringender erscheint es, sich wieder einmal dem Phänomen „Leib" zuzuwenden.

Die vorliegenden Studien zur Geschichte des Leibes könnten am ehesten verglichen werden mit einer Archäologie der menschlichen Natur. Nach und nach würde sich dann die archäologische Spurensicherung – weit über eine „Körperwissenschaft" hinaus – entwickeln zu jener Philosophie des Leibes, die noch alle die so wunderbaren „psychischen" Züge einbeschließt und sich auf erstaunliche „geistige" Bezüge erstreckt.

Nicht wundern darf sich denn auch der Leser, wenn ihm unter der so spröden Leiblichkeit die wundersamsten Landschaften der Seele begegnen oder gar auch die höchsten Gipfel des Geistes. Gleichwohl sollte man unter dem so anspruchsvollen Titel nicht mehr erwarten als das „Vorspiel zu einer Philosophie des Leibes".

Heidelberg, Dezember 2000
Heinrich Schipperges

Inhalt

	Seite
Einstimmung in die Thematik	7
Methodologisches Präludium	10
ERSTER TEIL	12
DER LEIB IM SPIEGEL DER SPRACHE	12
ZWEITER TEIL	20
HISTORISCHES PANORAMA	20
1. Landschaften des Leibes in den archaischen Hochkulturen	24
2. Das klassische Körper-Schema der Antike	31
3. Leib-Bilder im arabischen Mittelalter	38
4. Leiblichkeit im christlichen Abendland	45
5. Eine Philosophie des Leibes bei Hildegard von Bingen	52
6. „Das leiblich Firmament" bei Paracelsus	62
INTERMEZZO: LEIB UND SEELE – EIN PROBLEM	69
7. Der Leib im Zwielicht der Aufklärung	77
8. Novalis: „Einst ist alles Leib"	83
9. Goethe: „Im Innern ist ein Universum auch"	91
10. Nietzsche: „Am Leitfaden des Leibes"	100
11. Leib als psychosomatische Einheit	114
12. Leib und Seele – kein Problem!	123
DRITTER TEIL	128
DIE WELT IM SPIEGEL DES LEIBES	128
1. Zur Architektonik der Leiblichkeit	130
2. Der kranke und der alternde Leib	137
3. Die Kultur des Leibes	152
Ausblick	166
Quellenverzeichnis	168
Literatur	170

Einstimmung in die Thematik

Im abendländischen Denken gibt es wohl kaum einen Bereich der Natur und des Geistes, der Kultur oder der Gesellschaft, der nicht in seiner Geschichte dargestellt und in seiner Systematik ausgeleuchtet worden wäre, um mit immer feineren Methoden analysiert, interpretiert und integriert zu werden. Um so auffallender ist die Blindheit und Stumpfheit, die wir vorfinden, wenn es um das Denken über den Leib geht. Im soeben erschienenen voluminösen „Lexikon des Mittelalters" etwa sucht man vergebens nach einem Stichwort wie „Leib".

Erst in jüngerer Zeit häufen sich die Publikationen, die sich den Leib und seine anthropologische Bedeutsamkeit zum Gegenstand machen. Zu erwähnen wäre hier in erster Linie der Kieler Philosoph Hermann Schmitz, der (1965) die berühmte „Entdeckung des Geistes" entlarven wollte als eine „Verdeckung des Leibes".

Erinnert sei weiterhin an die Entdeckung der Körpersprache, die hineinreicht bis in den Dialekt einzelner Organe, oder auch an die neuerdings in Mode gekommene Kultur unseres leibhaftigen Alltags.

Immer häufiger spricht man da vom Leib-Erleben, von Körpererfahrungen, von einem „bodywork". Da ist die Rede vom Körperbild, ja von „Körperwelten", aber auch von sehr spezifischen Körpertechniken und ausgeklügelten Körpertherapien. Und schon gibt es eine „biodynamische Körperpsychotherapie", eine „körperorientierte Psychotherapie" oder auch die „Analytische Körperpsychotherapie" mit sogenannten "Körperinterventionstechniken" – alles in allem schon erstaunliche „Wiederbeleibungsversuche" (Helmut Milz), die indes wesentlich systematischer durchzuführen wären. Selbst die so hoffnungsvollen Ansätze eines Max Scheler, Helmuth Plessner, Maurice Merleau-Ponty, sie konnten zu keiner Konklusion kommen.

Um die eigentlichen Quellen und Strömungen einer Philosophie des Leibes zu entdecken, müßten wir freilich zurück hinter die Klischees eines Humanismus und Klassizismus, hinter die kartesianischen und pietistischen Spitzfindigkeiten der Aufklärung, zurück noch hinter die Ideologien einer mit und seit der Scholastik rationalisierten Theologie. Im Umgang mit Welt erst würden wir unseren Leib wiederfinden als die Urhandlung des Menschen, mit der wir so elementar eingelassen sind in die uns einlassende Natur. Der Leib – in seiner Weltlichkeit, als Zeitlichkeit, mit seiner Geschlechtlichkeit – vermittelt uns in der Tat die volle Wirklichkeit unseres einmaligen Auf-der-Welt-seins.

Leib ist der Mensch ganz und gar: in seiner Umwelt, mit seiner Mitwelt, in seinen Erlebniswelten. Im Leib haben wir letztlich das Leben selbst – sein Wachsen und Verkümmern, sein Kranksein und Genesen, seine Bedrohungen und Erwartungen – unmittelbar und unabdingbar vor Augen.

Wer daher die „Seele" wirklich suchte, der sollte zunächst einmal die Leiblichkeit systematisch durchforsten. Dort ist sie: ein Mittleres, Vermittelndes, ein Signal und ein Planer voller Anteilnahme und Mitteilung – und so wirklich in einem Gespräch. Der Leib ist die dialektische, die dialogische Form, das Stammeln eines unendlichen Geheimnisses: welche Formen, was für ein Aufwand! Und die „Seele" wäre dann nichts als die Lebendigkeit dieses Leibes, wäre das Ganze des leibhaftigen Daseins. Nun ist nicht zu leugnen, daß „Leiblichkeit" immer auch in die Gefahr gerät, auf platte biologische Körperlichkeit reduziert oder in geistige Gipfelbereiche stilisiert zu werden. Während wir indes dem „Körper" eher Objektcharakter zubilligen, verstehen wir unter „Leib" den Subjektcharakter, der eine Zeitgestalt in sich austrägt und zum Symbol wird für die Körper-Seele-Geist-Einheit. Der Leib ist damit das Medium unseres In-der-Welt-seins. Durch und mit unserem Leib wissen wir uns eingepaßt in die Umwelt, die wir uns gleichsam wiederum einverleiben und zu Inhalten unseres geistigen Erlebens machen. Gerade in der Einverleibung von Welt wird der Leib uns immer mehr zu eigen; er differenziert sich in der leibhaft ausgeprägten Geschlechtlichkeit; er demonstriert uns aber auch – etwa bei Krankheit oder im Alter – die Gebundenheit und Gebrechlichkeit unserer einmalig befristeten Existenz.

Und damit stünde ich nun vor der gewiß nicht einfachen Wahl, welchen „Zugriff" bei diesem „Zugang" zur Wirklichkeit ich wählen sollte, um die historischen „Umrisse" einigermaßen ins Bild zu bekommen. Als das Schwierigste bei einer solchen Thematik erscheint mir denn auch der „Ansatz", dieses „Anlanden" (so Goethe 1831 zu Henning), diese seemännische Klugheit zu wissen, wie eine schroffe Insel zugänglich ist. Daß er eine schroffe Insel ist, dieser Leib - unsere Welt -, das sollte in einem kleinen methodologischen Präludium näher erläutert werden.

Methodologisches Präludium

Die moderne Anthropologie - als eine Lehre vom „Wesen des Menschen" – hat zu unserem Erstaunen nicht vermocht, die ihr doch innewohnende Idee der Leiblichkeit nun auch zu artikulieren. Sie ist – wie Kant sagen würde – „um eine Idee herum" geirrt. Sie hat sie in ihrem Keime nicht erkannt, dort nämlich, wo sie eingewickelt in uns selber liegt, um entwickelt zu werden.

Jahrhundertelang, das ganze Zeitalter des anatomischen Denkens hindurch, haben wir in der Medizin jedenfalls die empirischen Materialien nur „technisch zusammengesetzt", ohne – wie Kant sagt - ein Ganzes „architektonisch zu entwerfen" (IV, 697).

Die so schöne, wenn auch nicht ganz einfache Kunst aber, „aus einem bloßen Aggregat" von Erkenntnissen ein System zu machen, das hat Immanuel Kant „Architektonik" genannt, und er hat – im dritten Hauptstück der transzendentalen Methodenlehre seiner „Kritik der reinen Vernunft" – für diese „Kunst der Systeme" auch bereits die Prinzipien, die Strukturen und die Kriterien geliefert.

Unter einem System versteht Kant die „Einheit der mannigfaltigen Erkenntnisse unter einer Idee". Unsere Erkenntnisse sollen nicht „rhapsodisch" verwertet werden, hier und da und dies und jenes, sondern „systematisch", wie Kant das nennt. Das Ganze ist also gegliedert (articulatio) und nicht gehäuft (coacervatio); es kann zwar innerlich (per intus susceptionem) wachsen, aber nicht äußerlich (per appositionem). Was rein empirisch, nach zufällig sich darbietenden Absichten gewonnen wird, das gibt allenfalls eine technische Einheit. Was aber zufolge einer Idee entspringt, das allein stiftet und „gründet architektonische Einheit" (IV, 696). Auf diese Weise könnten dann doch wieder beide Wege verwendet werden – so immer noch Kant -: der historische Zugang, der sich als „cognitio ex datis" begreift, wie auch der rationale, der sich als „cognitio ex principiis" erweist. Die Idee aber „von einer möglichen Wissenschaft", das wäre genau das, was wir Philosophie nennen. Es wäre dies aber auch der einzige Weg,

„der, wenn er einmal gebahnt ist, niemals verwächst und keine Verirrungen verstattet" (IV, 708). Soweit Immanuel Kant!

Wir kämen erkenntnistheoretisch gesehen auf diesem Wege auf einen Philosophischen Realismus aus, der letztlich nichts anderes ist als die Vertiefung des Naiven Realismus mit seiner alltäglichen „vorwissenschaftlichen" Auffassung von Welt, eine Welt-Anschauung eben, die wir denn auch nicht aus den Augen lassen wollen.

Erster Teil

Der Leib im Spiegel der Sprache

In unserer einmalig befristeten Existenz ist sicherlich das erste, ist ganz gewiß das letzte Erlebnis – der Leib! Leib ist gleichsam unser Anker in der Welt. Der Leib erschließt uns – nach und nach, dann aber ganz und gar – die Welt als unsere Wirklichkeit. So jedenfalls sagt es uns die Sprache, die wir sprechen, der wir Laut geben, die uns Laut gibt, die zu verlautbaren wir zeitlebens zu lernen haben. Der Leib – im Rhythmus des Alltags – allein ist fähig, die ökologische Partitur zu vernehmen, zur Lesbarkeit von Welt zu kommen.

Wir haben wieder gelernt, daß es so etwas geben könnte wie eine Grammatik des Leibes, eine Logik des Herzens, den Eigenwillen der Eingeweide, etwa auch die sprachgewaltige Dialektik der Libido, einen Dialog der Organe, ja, einen je eigenen Dialekt einzelner Organe. So ist – schreibt Nietzsche – der Magen weit mehr „unser", uns zu eigen und etwas Eigenes, während die Gedanken eher als eingegeben erscheinen. Und so ist dieser Magen – sagt die heilige Hildegard von Bingen – „capax mundi", fähig, die ganze Welt zu fassen: „et capacitatem mundi ostendit"; es schickt sich an, in stetiger Einverleibung die Kapazität der Welt zu erfassen, sich zu eigen zu machen.

Im konkreten Umgang mit dieser Welt erst werden wir unseren Leib wiederfinden als die Urhandlung des Menschen, mit der wir eingefaltet sind in die Umwelt, eingelassen auf die uns einlassende Natur und immerfort am Werke, im Spiel wie in der Arbeit. Allein von der körperhaften Struktur der Hand her – Fühler und Greifer zugleich – ließe sich unser mitmenschliches Haben und Halten zeigen:
alles Entwerfen und alle Entwürfe, das Greifen und Stützen, das Abwehren und Verknüpfen, alles Zeigen und Verweisen und Ausdeuten. In ähnlicher Weise sind die Metaphern unseres Denkens diesem handelnden Weltbezug entnommen: alles Erfassen und Begreifen und Vernehmen, das Erfinden und Empfinden, alles

Erfahren und Vorstellen, Auflesen und Durchgehen und Durchnehmen. In der gleichen erregenden Weise ist unsere Sprache welthaft und alles Sprechen leibhaftig. Alle Rede schwingt im Atem; Wort ist leibhaft geformtes Lautbild; „unsichtbares Gedicht (wie der Dichter singt), immerfort um das eigene Sein rein eingetauschter Weltraum, Gegengewicht, in dem ich mich rhythmisch ereigne". Im Wort hat der Mensch die Dinge; in der Sprache wird der Geist Welt.

Bei Kant schon kann man lesen (X, 645), daß es zahlreiche „von der Natur konstituierte Gebärdungen" gebe, „durch welche sich die Menschen von allen Gattungen und Klimaten, auch ohne Abrede, verstehen". Zu solchen Gebärdungen würden gehören: „das Kopfnicken (im Bejahen), das Kopfwackeln (in der Verwunderung), das Naserümpfen (im Spott), das Spöttisch-Lächeln (Grinsen), das Stirnrunzeln (im Verdruß)" usw. usf.

„Und mit den Händen" – fragt Montaigne in seinen „Essais" (1953) 434? „Wir fordern, wir versprechen, rufen, verabschieden, drohen, bitten, flehen, verneinen, verweigern, fragen, bewundern, zählen, bekennen, bereuen, fürchten, schämen uns, bezweifeln, belehren, befehlen, hetzen, ermuntern, beteuern, bezeugen, klagen an, verurteilen, verzeihen, beschimpfen, verschmähen, trotzen, grollen, schmeicheln, spenden Beifall, segnen, demütigen, verspotten, versöhnen, empfehlen, lobpreisen, jubeln, frohlocken, bemitleiden, betrüben uns, grämen uns, verzweifeln, staunen, schreien und schweigen, und was nicht? – mit einem Reichtum und einer Mannigfaltigkeit, die der Zunge in nichts nachsteht".

Und mit dem Kopfe: wir laden ein, weisen fort, gestehen, leugnen, bestrafen, bewillkommen, ehren, huldigen, verachten, ersuchen, entlassen, schäkern, wehklagen, ermuntern, schelten, geben klein bei, bieten Trotz, vermahnen, drohen, versichern, erkundigen. Was mit den Augenbrauen? Was mit den Schultern? Da ist keine Bewegung, die nicht spräche, und eine Sprache, die ohne Grammatik und Wörterbuch und allgemein verständlich ist.

Alles Gefühl und all unser Fühlen ist in toto ausgebreitet über den ganzen Leib, um dann in der Hand zu konvergieren, in diesem „Wunder feinster Fühlung". Die Hand legt denn auch alles offen: Nähe und Distanz, Fläche und Tiefe, Spannung und Lassen, Kälte und Wärme – den ganzen, den eigenen Leib wie auch den Leib des anderen. Und sie fühlt das alles nicht nur, die Hand, sie bildet es auch. Die Hand als die große Bildnerin, die tastend formt, ist gleichsam ein „peripheres Gehirn". Im bildenden Herstellen von Dingen vermag der Mensch sich letztlich selber zu bilden.

Hilfreich geht uns auch hier wieder die lateinische Sprache zur Hand. Wahrnehmen ist ein „percipere" und verstehen ein „comprehendere". Handgreiflich wie das „capere", das Kapieren, ist auch das „agere", aus dem nicht von ungefähr das „cogitare" fürs Denken kommt, oder aber auch das „legere", aus dem über das „intus-legere" oder auch „inter-legere" unser Intellekt geworden ist und – bei uns Intellektuellen gelegentlich – auch so etwas wie Intelligenz.

Geradezu unerschöpflich strömen die Metaphern unserer Leiblichkeit selber in unser vulgäres Denken und Reden. Man erinnere sich an Ausdrücke wie Land-Zunge oder Flaschen-Hals, an den Meer-Busen oder eine Tal-Sohle, an die Zähne der Säge oder den Rücken des Messers. Wir stehen am Fuße eines Berges oder vor einer Berg-Nase; wir sprechen vom Rücken eines Bergzuges oder von seinen Flanken.

Was aber auch alles in der Sprache vom Kopfe behauptet wird - man denke an Montaigne – das gilt nun nicht minder vom Fuß. Welchen Geistes einer ist, erkennt man an dem, worauf er fußt. Wer nämlich richtig fußt, hat eine gute Position und kann sich behaupten. Er kann begründen, wird verstehen, hat Verstand (in dem ja auch schon der Stand fußt), beruht auf rechten Voraussetzungen, ist gut fundiert, während so manche Behauptungen nun wirklich auf schwachen Füßen stehen.

Wie man sieht, man kann sie einfach nicht hintergehen, die Sprache. Sie selbst macht aufmerksam auf das Phänomen, und sie regt an, das Wort einfach beim Worte zu nehmen. Wir sind gehalten und berechtigt, von einem Urvertrauen in die Sprache zu sprechen. Sprache ist hier nicht nur das Subjekt der Weltgewinnung, sondern immer auch Mittel und Werkzeug (organon, instrumentum). Weltgewinn ist immer Sprachgewinn – et vice versa!

Von einem besonders intimen Umgang mit Sprache hat vor allem die Haut schon immer gewußt, wenn es da heißt: Das geht mir unter die Haut, oder der oder jener steckt in keiner guten Haut. Man fährt aus der Haut und gerät sich in die Haare.

Man sieht wie da einem die Haare zu Berge stehn, wie einer bleich wird vor Wut. Wie oft aber haben wir uns unserer Haut zu wehren; denn man will ja sein Fell so teuer wie möglich verkaufen. Wir alle kennen auch die „treue Haut", die alles trägt und duldet, das Ideal gleichsam eines „homo patiens". Und so stecken wir einfach im Sack: mit Haut und Haaren, mit Herz und Hirn, einem rätselhaften Sack, der die äußere Hülle sogleich auch zum inneren Milieu macht.

Die gesunde Haut: Kontaktorgan und Grenzfläche zugleich, Ausdrucks- wie Eindruckspforte, das große Beziehungsorgan mit all seinen Anpassungen und Vermittlungen, in der Tat: das Verkehrszentrum par excellence! Und all diese vielschichtigen Funktionen der Reizaufnahme, der Regulationen, der Abwehr – sie sind uns in der unbegreiflichen Dichtigkeit eines sich unaufhörlich gestaltenden Endokosmos geradezu auf den Leib geschrieben. Wer sich in seiner Haut so richtig wohl fühlt, dem ist sein Leib weniger eine Last als eine Lust, ein Medium schöpferischen Einsatzes kreativer Potenz.

Und so ist der Mensch leibhaftig drin in der Welt und umgreift Welt, von der er zugleich umgriffen ist und umgriffen wird. Alle archaischen Kulturen, sie wurzeln aus einem Erleben, das sich jederzeit und zugleich auch am Leibe verspüren läßt. Man lese dies einmal nach in seinem Homer, wie sich hier Angst, Ekel, Wollust, Müdigkeit ereignen, sehr konkret, in der Magengrube, der Herzhöhle, dem Zwerchfell, um die Lenden – und wie lebendig sie über die Bühne des leibhaftigen Geschehens gehen. Leib ist hier nirgendwo fixiert im Bewußtsein, daher wohl auch so transparent für die Anwesenheit des Numinosen, das gleichsam einströmt in das leibhafte Gefäß.

Ganz ähnlich gilt dies für die orientalischen Hochkulturen! Wenn im islamischen Kulturkreis der Begriff „Seele" fällt, dann ist damit immer der ganze Mensch gemeint, ausgerichtet auf den „salam", was auch Frieden meint, genauer aber das Wohlergehen an Leib und Geist und Seele, ein rundum Wohlsein des Menschen, die „integritas" der Scholastiker, was Paracelsus noch übersetzen konnte mit „Gesunde und Gänze". Die hebräischen Grundbegriffe für Seele lauten analog „nefesch", was Kehle meint oder Schlund, aber auch Atem und Lebenskraft und ist damit wohl eher Synonym für die Person im Ganzen. Auch „ruach" umschreibt Brausen, Hauch und damit Pneuma als Geistwirklichkeit. Der Begriff „basar" deutet hin auf Fleisch, Körper, auch Volk, meint die Hinfälligkeit des Leibes und seine Vergänglichkeit. Und so steht denn auch das arabische „nafs"= Seele für die Integrität des ganzen Menschen.

Der Frankfurter Philosoph Karl Otto Apel hat – in Gadamers „Neue Anthropologie" (Band 7, Seite 287) – vom „Leibapriori der Erkenntnis" gesprochen: Der Sinn der Welt könne sich niemals für ein reines Bewußtsein ergeben, sondern immer nur „über ein leibhaftes Engagement". Wäre man auf diese volle „Ursprungskonkretion der Welt" zurückgegangen, diesen so ganz natürlichen Weltbegriff, dieses „Ursprungsfeld" der konkret- sinnlichen Welt – schreibt Edmund Husserl (IX, 56) -, „man hätte nie darauf verfallen können, den Geist als einen bloßen Annex der materiellen Leiber oder als eine parallelistische Kausalreihe zur physischen Materialität zu deuten. Man hätte nie Menschen und Tiere als psychophysische Maschinen oder gar als parallelistische Doppelmaschinen ansehen können", wie es doch in den Zeiten der „Mechanisierung des Weltbildes" so unheilvoll geschehen ist.

Wilhelm von Humboldt vor allem war es, der gesprochen hat (1838) von der „sich ewig wiederholenden Arbeit des Geistes, den artikulierten Laut zum Ausdruck der Gedanken fähig zu machen". Das ganze intellektuelle Streben des Menschen – so Humboldt in seinem klassischen Werk „Über die Verschiedenheit des menschlichen Sprachbaues" – wird leibhaftig befördert werden durch den „Laut der Stimme". „Denn sie geht (die Stimme) als lebendiger Klang, wie das atmende Dasein selbst, aus der Brust hervor, begleitet, auch ohne Sprache, Schmerz und Freude, Abscheu und Begierde und taucht also das Leben, aus dem es hervorströmt, in den Sinn, der sie aufnimmt, so wie auch die Sprache selbst immer zugleich mit dem dargestellten Objekt die dadurch hervorgebrachte Empfindung wiedergibt und in immer wiederholten Akten die Welt mit dem Menschen zusammenknüpft".

Und so sollte der Mensch – wie es bei Novalis heißt – nichts anderes sein als die begleitende Stimme der großen Natur, auf daß er, der Mensch, „die innere Musik der Natur" verstehe und einen Sinn bekäme für die so großartige „äußere Harmonie" (I, 98), für die ökologische Partitur dieser Welt.

Und so ist der Mensch das sprechende Wesen, weil er das vernünftige Wesen ist. Denn Leben ist nichts anderes als purer Ausdruck. Alle Gestalt hat Symbolcharakter. Jedes ist Zeichen und Bedeutung. Die Vernunft hat es zu vernehmen. Und das Wort ist Element der Vernunft; es zu verwalten, ist eine Chance; es zu gestalten seine Aufgabe; es frei zu beherrschen seine Meisterschaft. Sprache ist keineswegs nur „das bloße Gemächte unserer Sprechtätigkeit", wie Martin Heidegger sagt. Sprechen ist vielmehr von sich aus bereits ein Hören. „Es ist ein Hören auf die Sprache, die wir sprechen, indem wir antworten". Ver-nunft ist ja nicht von ungefähr ein Vernehmen, ist Ein-sicht, so wie „sapiens" der Schmeckende ist. Ich sage ja nichts aus mir selbst; ich habe es vernommen und teile es mit.

Wir sollten daher – so Nietzsche – weitaus mehr auf die „Zeichensprache des Leibes" achten, und dies auch da, wo uns scheinbar rein geistige Phänomene begegnen. Mit unserem Leibe sei uns aber auch nicht nur eine Sprache gegeben, die alle nur möglichen Phänomene zum Ausdruck bringt, sondern auch ein Organ des Vernehmens, eine alle anderen Erscheinungen überhöhende „Große Vernunft".

Von diesem Ausgangspunkt her haben wir zweifellos eine andere Philosophie der Medizin zu erwarten, als sie – nach dem Modell des Descartes – unsere Naturwissenschaft und besonders unheilvoll die Heilkunst geprägt hat. Wenn Descartes seine „res cogitans" postulierte, die er kurioserweise in der Zirbeldrüse lokalisierte (und es klingt wie ein Witz, wenn wir hören, daß heute die Neurophysiologen – so Damasio, 1998 – wieder die Lokalisation der Leib-Seele-Beeinflussung am Übergang von Mittelhirn und Zwischenhirn suchen), um dann das ganze übrige als „res extensa", als draußen herumliegendes Drumherum, nach rein mechanischen Prinzipien zu traktieren, dann hatte hier schon – und nicht erst bei Freud – die Stunde des Unterbewußtseins geschlagen, dann mußte jenes Reich verdrängter Triebe wieder geöffnet werden, von dem Sigmund Freud dann sarkastisch sagen konnte: „Die Menschheit hat ja gewußt, daß sie Geist hat; ich mußte ihr zeigen, daß es auch Triebe gibt" (1927), Triebe freilich nicht nur als ein bißchen sexuelles Stellwerk an der psychischen Apparatur, sondern – so Freud – als „mythische Wesen, großartig in ihrer Unbestimmtheit", unbestimmte Größen im Alphabet der Leiblichkeit, die es in jedem Falle zu artikulieren gilt, will man nicht im barbarischen Gestammel verharren.

Gerade diese prachtvolle Zusammenarbeit des vielfältigen Lebens aber, dieses Phänomen Leib, ist nach Nietzsche unserem Bewußtsein so überlegen wie Algebra dem Einmaleins. Und gerade diese Logik des Leibes, seine Grammatik und Dialektik, gerade dieses zu begreifen hätten wir gründlich verlernt. Jahrtausendelang habe das

Bewußtsein sich vergeblich bemüht, den Leib „als eine Art Zeichensprache" zu verstehen.

Von dieser Art Zeichensprache hatte Martin Luther noch viel verstanden, als er in seinem „Sendschreiben vom Dolmetschen" an die Bürgermeister und Ratsherren schrieb: „Man muß die Mutter im Hause, die Kinder auf den Gassen, den gemeinen Mann auf dem Markt drum fragen, und denselbigen auf das Maul sehen, wie sie reden und danach dolmetschen; da verstehen sie es denn und merken, daß man deutsch mit ihnen redet". Die Sprachen seien nun einmal „die Scheiden, darin dies Messer des Geistes steckt. Sie sind der Schrein, darinnen man dies Kleinod trägt. Sie sind das Gefäß, darinnen man diesen Trank fasset. Sie sind die Kemnat, darinnen diese Speise liegt. Und wie das Evangelium selber zeigt, sie sind die Körbe, darinnen man Brote und Fische und Brocken behält".

Zu unserer Bestimmung als geistige Existenz in dieser Welt gehört nun einmal – und darauf wohl wollte die Zeichensprache hinweisen-, daß auch wir ganz und gar Natur sind: biologisch eindeutig verankert, genetisch schicksalhaft determiniert, eben einmalig bestimmt in unserer vollen, so lebendigen Leiblichkeit.

Zweiter Teil

Historisches Panorama

Vorbemerkung

Im Jahre 1911 hatte der Heidelberger Literarhistoriker Friedrich Gundolf eine leidenschaftlich bewegte Analyse, eine äußerst kritische Bilanz der modernen Welt gegeben, jenes Zeitalters der Naturwissenschaft, das gekennzeichnet sei durch den Bruch zwischen Natur und Geist, die Trennung von Leib und Seele, den Zerfall in Kultur und Natur. Seit der Renaissance und mit der Reformation habe der Mensch sein Weltbild nicht mehr aus seiner Gesamtleiblichkeit gestaltet, sondern nur noch nach der „Willkür seines frei gewordenen Geistes".

Mit dieser Feststellung eröffnete Friedrich Gundolf seine Studie „Wesen und Beziehung" (1911), um daraus sogleich weiter zu folgern: „Noch die verwegensten Abstraktionen der Alten waren mit dem Blut ihres Leibes gefüllt, all ihrem Denken lag Raumgefühl und Zeitgefühl zugrunde". Wärend aber all diese Erscheinungen sich an einer zentralen konkreten Wirklichkeit orientiert hätten und sich von ihr auch gehalten fühlten, sei „jetzt ein Zeitalter heraufgekommen, wo es kein Gesamtmaß mehr gibt, der Leib nicht mehr all seine Hervorbringungen nährt, das Blut in den zu vielen Köpfen nicht mehr alle Gefäße füllt und unter allgemeiner Lockerung die Moleküle durcheinanderschießen". Was von innen nicht mehr „gebunden" sei, das suche nun nach außen seine Ziele, oder es ergehe sich ziellos in der bloßen Funktion.

Gundolf verweist in dieser seiner kritischen Analyse immer wieder sehr bewußt auf jene älteren Zeiten, wo der Leib noch „das schlechthin Gegebene" war, wo der Leib geistig wie sinnlich gedeutet werden konnte, moralisch wie religiös, wo die Kunst wie der Staat oder die Kirche „Gesetz und Gestalt" vom Leibe empfangen hätten wie sie auch den Leib wiederum bedingten. Hier sei das Da-Sein noch das große Geheimnis und die Offenbarung gewesen. „Die Welt war in sich rund geschlossen, alles hatte in ihr seinen gebundenen Platz. Denken, Wissen, Handeln, Schauen ging vom Leib aus als natürliche Funktion wie das Zeugen: es hatte keinen von außen hereingebrachten, willkürlich gesetzten Zweck. Auch die Inhalte des Bewußtseins werden noch genährt vom Gesamtorganismus, nicht ihm entgegengestellt".

Mit der Trennung von Leib und Seele erst sei der Keim gelegt worden zu einem neuen „Weltgefühl", welches sich dann in Renaissance und Reformation weiter entwickeln konnte zu einer Emanzipation des Geistes von den leiblichen Gegebenheiten, damit aber auch zu einer „Ideatisierung des Alls" mit allen Konsequenzen einer zunehmenden Materialisierung, wie sie dann von den Wissenschaften des 19. Jahrhunderts auch realisiert wurde. Was uns im Zuge dieser Entwicklung – und Verkümmerung zugleich – verlorengegangen sei, das sei die Einheit von Leib und Geist, sei jenes „Reich des Leibes", das doch die Wirklichkeit unseres Daseins erst repräsentiert, jenes „Reich des Leibes" eben, das wir nun auf historischen Bahnen zu suchen und aufzuspüren uns aufgemacht haben.

Die moderne Anthropologie als eine Philosophie des Menschen ist denn auch kaum zu verstehen ohne ihren historischen Hintergrund, ohne eine neue Philosophie auch des Leibes. In seiner „Stellung des Menschen im Kosmos" hatte bereits Max Scheler (1928) die Bedeutung der Leiblichkeit besonders herausgestellt. Im gleichen Jahr (1928) weist Helmuth Plessner hin auf die Rolle des Leibes unter dem bezeichnenden Titel „Stufen des Organischen". Biologen wie Jacob von Uexküll, Konrad Lorenz oder Adolf Portmann greifen die Prävalenzen des Bezugspunktes „Leib" auf, bald auch Ärzte wie Ludolf von Krehl, Viktor von Weizsäcker, Ludwig Binswanger oder der Freiherr von Gebsattel.

Kein Vertreter der modernen Philosophie wird aber auch daran zweifeln wollen, daß die entscheidenden Ansätze und die einschneidensten Umbrüche im philosophischen Denken des 20.

Jahrhunderts von außen an die Philosophie herangetragen wurden: von den mathematischen Basiswissenschaften oder der Kernphysik, von der Tiefenpsychologie wie von den Sozialwissenschaften, nicht zuletzt – und wohl am eingreifendsten – von der modernen Medizin.

Wir Ärzte kommen einfach nicht daran vorbei – schreibt Karl Jaspers in seiner „Autobiographie" (1957) - uns mit den Methoden, Techniken und Strategien der modernen Wissenschaften auseinanderzusetzen. Vor allem aber läßt es sich in unserer Zeit – im Überstieg schon ins dritte Jahrtausend – nicht mehr länger umgehen, daß wir uns prinzipiell mit dem Selbstmißverständnis der abendländischen Wissenschaft und dessen Folgen für die Lebenswelt des 20. Jahrhunderts befassen. „Alles philosophische Mühen – so Jaspers – muß heute zu kurz greifen und unwahr werden, das diese Wirklichkeit umgeht, verwirft und nicht zu einem Eckstein im Gebäude umfassenden Grundwissens werden läßt".

Beides aber zu sehen, die Natur- wie Geisteswissenschaften, das wäre nun wirklich, wie Krehl das nannte, „das Zeichen einer neuen Wissenschaft", jener Anthropologie eben, die bisher leider „ach, ein Zeichen nur" geblieben ist, rein paraphrasisch in die Welt gesetzt, ohne je zu einer Architektonik des Leibes zu kommen. Zu einer solchen architektonischen Anthropologie verhelfen aber kann uns nur – nach dem Zeitalter des anatomischen Gedankens und trotz aller Kompensationsversuche durch Psychologie und Tiefenpsychologie – eine neue „Philosophie des Leibes", zu der nicht zuletzt die Medizingeschichte die leitenden Linien aufzuzeigen vermag.

Aus der universellen Wirklichkeit unseres Erlebens, in der es aber auch nichts gibt, „was nicht auf die Philosophie Bezug hätte", hat Karl Jaspers seine Hinwendung zur Medizin gefunden, zu einer Heilkunde, die ihm – wie er in seiner „Autobiographie" schreibt – das weiteste Feld im Gesamt der Naturwissenschaften geöffnet habe und mitten darin den „Menschen als Gegenstand". In der Medizin sucht hier der Philosoph nichts anderes als die „Methoden zu gewinnen, den Menschen als ein Ganzes zu erfassen", seine Leiblichkeit eben, seine konkreten Situationen, genauer: die Grenzsituationen, Grenzerfahrung um Tod, Zufall, Schuld, mit dem Versprechen „sich um alles zu kümmern, was im menschlichen Dasein wesentlich ist".

Sich um alles das zu kümmern, was im menschlichen Dasein wesentlich ist, wollen nicht zuletzt auch diese Studien zur Geschichte des Leibes. Sie greifen zurück auf Urerfahrungen vorwissenschaftlicher Weltbilder; sie begleiten den Szientifizierungs-Prozeß, und sie suchen – am Leitfaden des Leibes – nach Orientierungen für eine neue Lebenskultur, die immer nur eine Kultur des Leibes sein kann.

Und noch eine knappe, mehr persönlich gehaltene „Vorbemerkung" sollte ich nicht unterdrücken. Nach Abschluß seines voluminösen „System der Philosophie", in dessen Mittelpunkt „Der Leib" stand, wollte der Kieler Philosoph Hermann Schmitz im 5. Bande (1980) auch den vielen Kritikern seine „Reverenz erweisen", wobei er auch meinen Hinweis auf eine Erweiterung durch historische Quellen erwähnte und mich dabei wie folgt zitierte: „Hierbei hätten zahlreiche Zeugnisse der Wissenschaftsgeschichte herangezogen werden können, die der Hypothese von Schmitz geradezu auf den Leib geschnitten wären".

Hermann Schmitz – mein alter Bonner Studienfreund – schließt mit dem Wunsch, vielleicht möchte ich mich entschließen, das Fehlende „selbst in eigenen Aufsätzen nachzuliefern". Nun, dem Wunsche komme ich gerne nach, wenn auch nicht in einigen Aufsätzen, so doch in einer größeren Abhandlung.

Hier ist sie!

1. Landschaften des Leibes in den archaischen Hochkulturen

Eine erste, wenngleich rudimentäre Philosophie des Leibes begegnet uns in der Heilkunde des Alten Ägypten. Die Kenntnis von der Struktur des Körpers erhielten die Ägypter freilich nicht aus ihrer hochentwickelten Mumifikationstechnik. Der Balsamierungs-Ritus hatte lediglich kultischen Charakter. Gleichwohl kam man mit diesen Methoden zu einer differenzierten Kenntnis der sichtbaren und tastbaren Körperstrukturen, zum Schema auch eines höchst dynamisch gedachten Organismus.

Im Organismus manifestierten sich alle die Versorgungs- und Ableitungsströme, die – analog zum lebenspendenden Fluten und Fallen des Nils – der Regulierung einer Kanalisation des Säftestromes und dadurch dem leiblichen Wohlbefinden dienen. Der Begriff „Kanal" steht hier für ein Hohlorgan im allgemeinen Sinne und spricht für Gefäße ebenso wie auch für Muskelstränge oder Sehnen. Über diese Kanäle sollen Wasser, Luft und Blut zu allen Körperstellen transportiert werden. Bei der Verteilung und Ausscheidung der Stoffe kam eine besondere Bedeutung dem Herzen zu. Es wurde zum symbolischen Mittelpunkt des Leibes. Es konnte als einziges Organ – wie wir noch sehen werden – „sprechen".

Gesundheit des Leibes aber bedeutete den alten Ägyptern ein Leben in Jugendfrische, Leistungsfähigkeit und Genußfreudigkeit, wie folgende Texte zeigen: „Das Herz sei froh, der Nacken fest, das Auge klar, das Ohr offen zu hören, der Mund aufgetan zu antworten". Wohlbefinden kann daher nur am Leibe erfahren werden als „zu essen mit meinem Munde, zu entleeren aus meinem After, zu trinken und fähig zum Beischlaf zu sein". Man wünschte sich denn auch zum Gruß, „daß alle Körperteile vollständig seien und der Leib ganz gesund". Das Zentrum aller gesunden Gliederung aber ist das Herz.

In den alten Hochkulturen finden wir als ein Urwort „das Herz", das die Sphäre des Leibes umfassend umgreift und auch vollends wiederum übersteigt. So wird auch im Alten Ägypten das Herz als eines der tragenden Prinzipien unseres Daseins angesprochen. Das Herz ist das Maß der Mitte und das Zeichen des Ausgleichs, Sinnbild der Gerechtigkeit wie der Barmherzigkeit. Erwägt der Mensch seine Pläne recht, dann geht er „mit seinem Herzen zu Rate", wie auch das Herz selber immer schon Rat weiß: „Ein tapferes Herz im Unglück ist ein guter Genosse für seinen Herrn". Herz und Mund stehen dabei in einem innigen Zusammenhang.

Dem „Denkmal memphitischer Theologie" (25. Dynastie) entnehmen wir: „Das Sehen der Augen, das Hören der Ohren, das Atmen der Nase, sie alle bringen dem Herzen Meldung. Das Herz ist es, das jede Erkenntnis hervorkommen läßt, und die Zunge ist es, die wiederholt, was vom Herzen gedacht wird. Und so werden alle Arbeiten verrichtet und alle Handwerke, das Schaffen der Hände, das Gehen der Füße, die Bewegung aller Glieder, sie alle nach dem Befehl des Herzens". Nur so verstehen wir auch den geheimnisvollen Spruch: „Das Herz ist ein Gott, dessen Kapelle der Magen ist; er aber freut sich, wenn die Glieder des Leibes ihr Fest feiern".

Das Ideal leibhaftiger Integrität kommt noch in einer „Totenbeschwörung" zu lebendigem Ausdruck, wenn es heißt: „Gegeben werden dir deine Augen, um zu sehen, deine beiden Ohren, um Gesprochenes zu hören. Dein Mund redet, deine Beine laufen, es drehen sich nach deinem Belieben deine Arme und Schultern. Fett sei dein Fleisch, geschmeidig seien deine Muskeln. Du erfreust dich all deiner Körperteile. Du findest deinen Leib vollzählig, indem er ganz und wohlbehalten ist".

Wo wir heute das Herz aber als konkretes Organ kennen und behandeln, da finden wir bei den Alten nichts als die stürmende, wallende, die pochende Mitte, aufgewühlte Räume um das Zwerchfell, Binnenbereich um Brust und Bauch, Weltinnenraum, in dem man sich rhythmisch ereignet, Enge und Weite zugleich, all das auch, was zuschnürt, zerknirscht, und auch das alles, was dehnt und schwillt und weitet und drängt, und dies so sehr, daß es einem oftmals den Atem verschlägt, daß es einfach die Luft wegnimmt, jenes tanzende Herz, das oft genug auch aus der Reihe tanzt.

„Mein Herz hüpft eilends davon, denk' ich an die Liebe zu dir" – so singt im Alten Ägypten das verliebte Mädchen, und es ruft seinem ungeduldigen Herzen dann zu : „Steh fest, so oft du seiner gedenkst, mein Herz, und hüpf' mir nicht davon!", und auch dem jungen Manne wird empfohlen: „Laß dein Herz nicht flattern wie lose Blätter im Winde!"

Hat das Herz nämlich die rechte Mitte verloren, dann macht es zuweilen die tollsten Sprünge. Das Herz ist dann überschwemmt oder umnachtet, es wird trocken und bitter, es flattert wie irre, macht die verrücktesten Tänze und zeigt dabei höchst auffällige Unebenheiten. Ein „glattes Herz", das bedeutet im Alten Ägypten seelisches Gleichgewicht; das „unebene Herz" aber bringt Unrast, Mühsal, Molesten und Stress – und wie die Risikofaktoren alle heißen.

Gerät das Herz auf solch schrägen Pfaden schließlich ganz und gar aus dem Gleichgewicht, dann soll man „sein Herz waschen", das heißt reinigen, läutern und mäßigen. „Herzwaschen" bedeutet hier ganz allgemein „das Herz aus großer Aufregung wieder ins Gleichgewicht bringen", sein Herz „heilmachen". Und so kann man sein eigenes Herz waschen, und es wird wieder froh; man kann aber auch einem anderen das Herz waschen und ihm so eitel Freude bereiten.

Das Herz ist einfach die große Sinneszentrale, von der wir schon hörten: „Das Sehen der Augen, das Hören der Ohren, das Riechen der Nase: sie alle erstatten dem Herzen Meldung. Das Herz aber ist es, das da jede Erkenntnis entstehen läßt". Und so schließt ja auch nicht von ungefähr der Sonnenhymnus des Königs Echnaton mit der Preisung: „Du bist das Pochen in meinem Herzen! Alles was wir in deinem Lichte erschauen, wird vergehen, du aber, mein Herz, du lebst und blühest auf immer und ewig!"

Hat Gott doch dem Menschen das Herz gegeben und so weit gemacht, damit wir die Mitte erkennen, die „ma´at", das Maß, das Gesunde erkennen und dann auch beherzigen! Ma´at - das ist einfach die Ordnung der Welt im Ganzen, die natürliche Ordnung der Dinge wie auch das gesellig geordnete Miteinander der Menschen. Aus der maßvollen Lebensordnung entspringt dann auch ganz selbstverständlich die vernünftige Lebensführung im leibhaftigen Alltag.

Als Schlüsselbild für die Lebensordnung dient nicht von ungefähr der Begriff „ma´at", Maß und Mitte eben, als verbindliches Bild auch für Gesundheit. Diesem Maß unterliegen im kosmischen Bereich der Lauf der Gestirne, im sozialen Bezug die so fundamentalen Auswirkungen des steigenden und fallenden Nils, in der organischen Welt die vegetative Rhythmik, im konkreten Alltag der Rhythmus des Atmens, die Zyklik der Ernährung und Ausscheidung, das Wechselspiel von Wachen und Schlafen im kosmischen Kreislauf von Tag und Nacht und in allem eingeschlossen die Kultivierung der Affekte und Emotionen. Die ganze Lebensweise der Ägypter – so der griechische Historiker Diodorus Siculus - „sie war so genial geordnet, daß man glauben konnte, sie wäre nicht von einem Gesetzgeber geschrieben, sondern von einem kundigen Arzte nach fest geordneten Gesundheitsregeln berechnet". Alles in allem war es die Ordnung des Leibes, die zum Maßstab der Gesundheit wurde.

Als ein Zeichen der Unordnung werden denn auch die Krankheiten beschrieben. Der lebensfrische Leib ermattet, wird lastend und lästig, ist unvermögend geworden. „Seine Kleider lasten an ihm", heißt es, und „alle seine Körperteile sind belastet". Die Leiden tragen Namen wie „halber Kopf", „Druck im Ohr", „Hitze auf der Blase", „Engwerden im Magen", „Stechen des Herzens". Die Therapie richtet sich konsequent auf die Natur der erkrankten Organe, wie auch die Titel der Ärzte bezeugen, die da heißen: „Wächter des Afters", „Arzt für die Augen" oder einfach „Hofarzt des Leibes".

Leibes–Inseln bei Homer

Überraschend vielschichtige Landschaften des Leibes finden sich nicht zuletzt auch bei Homer, den wir unter unserem Betracht noch zu den Archaischen Hochkulturen rechnen dürfen.

Als die Stätte des leiblichen Erlebens wird bei Homer zunächst einmal die Brust (stethos) verstanden. Mit geschwellter Brust zieht Achill in die Schlacht. „So in dichter Brust stöhnte auf Agamemnon von unten her aus dem Herzen, und ihm bebte von innen das Zwerchfell". In „Ilias" und „Odyssee" ist noch nicht von einem eigentlichen Herzen die Rede, sondern eher von einer leiblichen, in der Brustgegend lokalisierten Regung, von dem also, was der Kieler Philosoph Hermann Schmitz treffend eine „Leibesinsel" genannt hat. Wenn diese Leibesinsel betroffen, angefochten oder überwältigt wird, spricht Homer vom Herzen als „etor"; wenn sie anregt oder antreibt, beherrscht oder impulsiv wird, wird sie als „kradie" bezeichnet. In dieser Bedeutung, als ein höchst spontaner Impulsgeber, wird das Herz mit einer Zimmermannsaxt verglichen, die mit unerbittlicher Schärfe das Holz spaltet. Geht es hingegen lediglich um ein verklemmtes, angsthaftes Zumutesein, das sich als leibliche Beklemmung in der Brustregion kundtut und zudem noch affektiv gefärbt ist, von Unmut oder Verzagtheit, finden wir bei Homer den Begriff „ker" für das Herz.

Drei verschiedene Grundbegriffe für das Herz bringt demnach Homer: „etor – kradie – ker" , drei Leibes-Inseln, Gefühlsgegenden, nur ungenau im Brustbereich lokalisiert, aber in je spezifischer Färbung. Da wäre „etor" etwas, das dem Menschen leibhaftig widerfährt, das demnach gespürt wird und dementsprechend betroffene Reaktionen auslöst; „kradie" bliebe demgegenüber ein angeregter Zustand, in dem man spontan die Initiative ergreift und beherzt zupackt; mit „ker" hingegen wird eher eine düstere Regung im Herzen umschrieben, ein beklommenes Zumutesein.

In all diesen frühen Bildern aber bleibt das Herz noch weitgehend Symbol, Sinnbild des Lebens und Signal des Reifens. Das Herz ist lediglich der Ursprung aller Entwicklung, die „arche", das „kentron", der Angelpunkt des Lebens, das „punctum saliens", der springende Punkt unseres leibhaftigen Daseins.

Das konkret gespürte Innere des körperlichen Leibes indes wurde erst im Laufe der Zeit durch sprachliche Metaphern umgedeutet in ein fiktives seelisches Inneres, in ein Reich der intimen Innerlichkeit. Die leiblichen Regungen wurden nach und nach – so schon in der „Ilias" – aus ihrer Schlüsselstellung im Erleben verdrängt; sie werden metaphorisch als „Innerlichkeit" aufgefaßt, so, wie auch wir noch heute gerne vom „Herzen" sprechen, wenn uns etwas intensiv angeht.

Es muß uns aber auch immer wieder überraschen, wie sehr in den älteren Heilkulturen mit dem Herzen oder auch mit der Haut – entgegen aller Spezialisierung – immer der Leib in seiner Gesamtheit gemeint ist, so dezidiert auch bei der Haut im Homer. Da ist von „chros" die Rede, der Haut als Grenzfläche des lebendigen Leibes, in deutlichem Gegensatz zu „derma", was eher die abgezogene Haut meint, das Fell. Von „chros" ist auch die Rede, wenn Hera ihren Zeus anregen will, „in Liebe bei ihrem Leibe zu ruhen". Im Speziellen bedeutet „chros" dann die Gesichtshaut, den schönen Teint. Und wenn der Penelope empfohlen wird, ihr verweintes Antlitz wieder herzurichten, dann soll sie hier nicht, wie nach der Voß´schen Übersetzung, „ein Vollbad nehmen", sondern lediglich die Gesichtshaut salben, um die leidigen Spuren der Tränen zu tilgen auf der sonst so schönen Haut.

Was für „Herz" oder „Haut" gilt, das gilt nun auch für das „Auge". Wenn Homer vom „Sehen" spricht, dann ist damit eher die Gebärde des Schauens gemeint: die Augen aufreißen, den Mund aufsperren, auf das Geschehene hindeuten, etwas intensiv betrachten, Zuschauer sein, etwas ins Auge fallen lassen, leibhaftig dabei sein. Und so werden bei Homer alle nur möglichen Weisen des Erlebens – und auch des Erleidens – am eigenen Leibe gespürt. Hermann Schmitz übersetzt denn auch „meleon physis“ nicht mit „Natur der Glieder“, sondern mit dem prägnanten Ausdruck „Leiblichkeit“.

Angst, Ekel, Wollust, Müdigkeit - wie sehr sie uns auch als „seelische Vorgänge“ erscheinen mögen, sie alle sind bei Homer ein konkretes sich am Leibe abspielendes Geschehen. Und so sagt Homer dann auch ganz unverkennbar „psyche“, wo wir einfach „Leben“ sagen würden. Ein abstraktes Denken, das nicht am eigenen Leibe gespürt wird, erscheint in dieser alten, einer sicherlich vorwissenschaftlichen Welt, einfach nicht möglich zu sein.

2. Das klassische Körper-Modell der Antike

Alle diese primären Grunderfahrungen um das Erleben und Erleiden am Leibe, die in den archaischen Hochkulturen zu faszinierenden Lebensstilen und Kultformen geführt haben, sie erhalten erstmals eine natürliche Erklärung in der griechischen Medizin, repräsentiert in der Gestalt des Hippokrates. Sie werden in ein wissenschaftliches „Modell“ gebracht, dessen Grundmuster die „Natur“ (physis) ist.

Im klassischen Kanon der antiken Heilkunde erscheint der Leib des Menschen zunächst einmal als eine Nachahmung des Alls. Als Mikrokosmos begegnet er uns mit all den labilen Verhältnissen, die auch in der großen Welt walten: im Kreisen des Jahres und im Reifen der Früchte, im Fallen des Wassers und im Wettern der Winde. Alles aber kommt in diesem Fließgleichgewicht der Säfte und Kräfte auf einen Ausgleich an. Heilkunst ist daher in erster Linie Steuerungskunst (Kybernetik).

Nicht von ungefähr ist der leibliche Organismus aus jenen vier Elementen zusammengefügt, welche auch die Struktur der äußeren Welt verkörpern: Erde und Luft, Wasser und Feuer, die als Körpersäfte wirksam werden in Blut und Schleim, in Galle und Schwarzgalle. Die Krankheiten entstehen durch Einflüsse aus der Umwelt, aus der täglichen Nahrung, aus fehlerhafter Ausscheidung wie auch aus dem fehlgesteuerten Affekthaushalt. Ihr dramatischer Schauplatz ist der Säftehaushalt als das Ensemble der verschiedenen Körpersäfte innerhalb des Organismus. Der Organismus erscheint als Abbild der großen Welt, die gleicherweise als lebendiges Wesen gedacht ist. Wie im Kosmos kämpfen auch im Leibe Feuer und Wasser miteinander. Gesundheit und Krankheit bleiben abhängig von den Elementen (stocheia), den Kräften (dynameis) und deren Symmetrie (harmonia). Jedes Zuviel oder Zuwenig führt zu Aufruhr und Krankheit. Die Heilkunde unterstützt lediglich das Streben der Natur nach Wiederherstellung ihrer Harmonie. Heilkunde ist daher nichts anderes als „hygieinou episteme“, das Wissen um den gesunden Leib. Der Mikrokosmos ahmt lediglich die Bewegungen des

Alls nach, hält sich in harmonischen Verhältnissen und korrigiert – physiologisch wie moralisch – jede Art von Entgleisung oder Verfehlung.

Die Physis als das Vertrauteste von allem erscheint dann bei Aristoteles doch wieder als das Geheimnisvollste (Eth. Nik. VII, 14: panta physi echei tou theion). Sie wird gleichwohl zum Ariadnefaden durch alle Labyrinthe der Künste und Wissenschaften, der Physik gleichermaßen wie auch der Ethik und der Politik. Die Physis schafft Zwecke, aber unbewußt, so wie der Künstler sein Kunstwerk verwirklicht. Je vollkommener der Sieg der Physis über das Widerstrebende ist, desto zweckmäßiger gestaltet sich ihr Wesen. Und so findet auch der nach einer Lebensordnung strebende Mensch sich selber leibhaftig wieder im Schaffen der allgewaltigen Physis. Den vier Elementen der antiken Naturphilosophen entsprechen die vier Körpersäfte mit ihren vier Qualitäten. Deren gleichmäßige Mischung (Eukrasie) bedeutet Gesundheit, die fehlerhafte Mischung (Dyskrasie) Krankheit. Als „Gleichmaß der natürlichen Körpervermögen" hatte schon Alkmaion von Kroton die Gesundheit definiert. Gesund und krank aber stehen im vollen Kontext mit der Physis in einem harmonischen Fließgleichgewicht, das ständig entgleist, aber stetig rehabilitiert sein will.

Die gewichtige hippokratische Schrift „Über die alte Heilkunst" (peri archaies iatrikes) ist ganz von dem Stichwort „physis" getragen. Voraussetzung aller Natur- wie Heilkunde ist die Kenntnis der „physis", die man jedoch nicht naturphilosophisch generalisieren sollte, die vielmehr soweit wie möglich zu individualisieren wäre. Wer praktische Heilkunst betreiben will, der darf sich nicht mit den Elementartheorien oder sonstigen Hypothesen begnügen; er sollte vielmehr die ganze Menschennatur , die „physis", kennen als eine konkrete Leiblichkeit.

Als die tätige Triebfeder im All wird Physis dann auch zum Ausgangspunkt für soziale Bezugsfelder, für Erziehung (paideia), Lebensführung (diaita), Heilkunst (therapeia). In Ordnung gebracht aber wird der körperliche Haushalt durch die Harmonisierung der Elemente Feuer und Wasser, durch die rechte Vermischung von Warmem und Trockenem, Kaltem und Feuchtem, durch das geregelte Entstehen und Vergehen, Aufbauen und Absondern der Körpersäfte, die wiederum in einer genauen Entsprechung zum Wechsel im Kreislauf der Natur stehen. Unser Organismus ist demnach nichts anderes als eine Nachahmung des Alls, wobei wir im Sichtbaren das Unsichtbare zu schauen lernen sollten. Wir werden dabei begreifen, daß die Natur (physis), wie die Götter sie geordnet haben, in Übereinstimmung kommt zum Brauch (nomos), den wir uns selber zu setzen haben, um mit beiden – Brauch und Natur – alles leibhaftig durchzuführen.

Der Logos von der Physis aber zielt im Corpus Hippocraticum immer nur auf konkret leibhaftige Gegebenheiten: auf Zeugen, Wachsen, Reifen, auf auch „von Natur da sein", auf das Wesen also, das Naturell, den Naturdrang. Und so konstituiert sich auch die Natur des Menschen aus den vier Säften, Qualitäten und Temperamenten (res naturales). Der Arzt hat sich dieser Natur zu bedienen; er ist der Steuermann (kybernetes), der einem labilen Fließgleichgewicht die Richtung verleiht und die Ökonomie garantiert.

Gerade als ein Diener der Natur (medicus minister naturae) kann der Arzt dann auch zum Meister des Nomos werden. In der hippokratischen Schrift „Die Regelung der Lebensweise" heißt es: „Der Brauch und die Natur stimmen nicht miteinander überein und können doch übereinstimmend gemacht werden". In der dialektischen Spannung zwischen Nomos und Physis bleibt auch die Gesundheit des Leibes nie bloße Natur allein, ist vielmehr immer auch eine humane Leistung. Für dieses Leistungsfeld menschlicher Lebensführung und Daseinsstilisierung aber standen dem Arzt die sog. „sex res non naturales" zur Verfügung, im einzelnen: „Aer, cibus et potus, motus et quies, somnus et vigilia, excreta et secreta, affectus animi". Dieser hier schon im Keim angelegte Topos von den „nicht natürlichen" (außernatürlichen, weil über die Natur hinauswirkenden)

Dingen läßt sich über die Jahrhunderte lückenlos nachweisen bis zur Mitte des 19. Jahrhunderts.

Im übertragenen Sinn umfaßt die „physis" mit ihren sinnlichen Erfahrungen neben dem natürlichen und ethischen Charakter eines Wesens dann auch die geistige Gestalt einer Landschaft, eines Volkes, sie prägt seine sittliche Struktur und seine besondere Fähigkeit, seine Art und Weise, sein Wesen. Physis wird damit zum Grundbegriff einer allgemeinen Ordnung und inneren Gesetzmäßigkeit, der Natur der Sache.

Was von den physiologischen Gegebenheiten gilt, erfahren wir nun auch an den pathologischen Entgleisungen. Sie alle spielen sich sehr konkret ab in einem kosmologischen Horizont und an einem leibhaftigen Gebilde. Schon Archilochos (7. Jhdt. v. Chr.) sprach von der Krankheit als einem Gewächs (phyton), das gleichsam seinen natürlichen Boden im Organismus gefunden habe, um dort nun zu wachsen und wie ein Fremdkörper zu wuchern. Auch in der hippokratischen Krankheitslehre lassen sich zahlreiche archaische Bilder nachweisen, die einem kosmischen Naturerlebnis entnommen sind.

So entstammen Wachsen und Welken dem Pflanzenbereich, der Umschlag (metabole) der Wetterkunde, die Lösung (krisis) wie auch das Gleichgewicht (isonomia) dem Rechtsbereich oder den Staatslehren.

Die wissenschaftlichen Grundlagen für den klassischen Kanon der Medizin aber hat uns erst Galenos von Pergamon, der bedeutende griechische Arzt der römischen Kaiserzeit, gelegt. Auch für Galen ist das Ziel der Heilkunst zunächst die Gesundheit des Leibes und ihr vornehmstes Ziel, dieses Gesundsein zu erhalten und zu bilden. Die vorhandene Gesundheit soll erhalten, die geschwundene mit Mitteln der Medizin wiedererlangt werden. Galen glaubt nun nachgewiesen zu haben, daß wir in den gleichen Verhältnissen, die unseren Leib schädigen können, auch wieder die heilsamen Ursachen zu suchen haben: in der uns umgebenden Luft nämlich, in der Nahrung, bei Bewegung wie Ruhe, im Wechsel von Schlafen und Wachen, durch die Ausscheidungen und Absonderungen im Organismus, nicht zuletzt im bewußten Umgang mit unseren Emotionen und Affekten.

Wir begreifen aus diesem frühen naturphilosophischen Konzept aber auch, daß und warum die Heilkunde in erster Linie und vorrangig eine Wissenschaft von der Gesundheit war. Gymnastik und Musik galten dabei als die beiden Säulen einer ganzheitlichen Lebensstilisierung. Aus einer derart umfassenden Anthropoplastik erst konnte eine „diaita", die Lebensordnung als Maß der Lebensführung, aufgebaut werden. Die klassische Diätetik geht aus von jener Natur (physis), die immer auf Bildung (nomos) aus ist, ausgerichtet auf die Wohlgeordnetheit aller Dinge (kosmos) in einer Pflegschaft der Hausordnung (oikos), geleitet von Mitte und Maß (mesotes) und im Konsens eines „ethos", eines allgemein verbindlichen Lebensstils. Und so finden wir denn auch in den hippokratischen Schriften immer wieder erstaunlich konkrete und vernünftige Ausführungen über jene „Natur" des Menschen, die so stark abhängt von Essen und Trinken, von Übung und Ruhe, von den Ausscheidungen, von Alter und Geschlecht. Wir erfahren aber auch sehr detaillierte Einzelheiten über die Umwelt als solche, die Jahreszeiten, das Klima, die Wohnanlagen, kurzum: die Ordnung des Leibes im Rhythmus des Alltags.

Dieses umfassende Bezugssystem scheint ganz wesentlich zu sein für das Vorspiel zu einer Philosophie des Leibes, die seit jeher kosmologisch wie auch eschatologisch orientiert war. Für die alten Ärzte, die selbstverständlich auch Naturphilosophen waren, galt die Welt, der „Kosmos", noch als „Oikumene", als der bewohnbare, überschaubare, zu kultivierende Raum der Mutter Erde. Alle diese klassischen Ordnungskategorien um den „Kosmos anthropos", sie alle weisen denn auch hin auf ein umfassendes Werte-Gefüge: der „oikos" zunächst als die Haushaltung der kleinen wie der großen Welt, jenes „kosmos" eben, der Wohlordnung aller Dinge meint und wirklich noch Ökologie garantiert; das „ethos" weiterhin, was Standort meint und Standpunkt, aber auch die Quelle, aus der die einzelnen Handlungen fließen; der „nomos" schließlich, der ursprünglich der Weideplatz war, die Richtschnur auch, das Wissen um eine komplette Lebenskultur, um jene „diaita", welche den Arzt zum Meister des „nomos" machen konnte, eben weil er nichts anderes sein wollte als ein Diener der „physis", der Natur da draußen wie auch der Natur unseres Leibes.

Selbst die von der Wissenschaftsgeschichte vielfach vernachlässigte Kosmetik der Alten, sie war immer auch Pflege des ganzen Leibes. Sie meinte und wollte genau das, was „kosmos" besagt: das Schöne im All, die – so Goethe – „ewige Zier", die Ordnung eines kosmisch verankerten Bezugssystems. Hier ist etwa auch die zu pflegende Haut noch wirklich ein „soma organikon", aus Werkzeugen bestehend, mit Werkzeugen begabt, im Werkzeug wirkend, berufen zur Pflege einer Welt an Kultur.

Es ist sicherlich kein Zufall, daß wir auch bei Hippokrates und Aristoteles – analog zu den archaischen Hochkulturen – die herausragende Rolle des Herzens im Leibe betont finden. So lesen wir in einem Traktat „Über die Knochen", daß es das Herz sei, welches die Zügel des ganzen Leibes in seinen Händen halte. Das Herz zügelt auf seine Weise den so wild belebten Leib.

Für Aristoteles war nicht von ungefähr das Herz der Anfang und Ursprung (principium) des Lebens. Leben beginnt mit dem ersten zuckenden Schlag der fötalen Fleischmasse, einem gleichsam „springenden Punkt", dem berühmten „punctum saliens", ein recht lebendiges Bild, das immer wieder die Phantasie der Naturforscher erregt hat. Es ist dieser springende leibhaftige Punkt, der sich in der Folge des Wachsens den gesamten Organismus wie sein eigenes Haus aufbaut (punctum saliens reliquum corpus tamquam futurum sibi domicilium fabricat). Das Herz bleibt dabei bis zum Ende des Lebens verantwortlich für die Erhaltung der Wärme und die Versorgung der einzelnen Organe mit Lebenskraft, dem „pneuma", dem lebenserhaltenden „spiritus".

Den platonischen Dualismus aber zwischen der „geistigen Seele“ und dem „materiellen Leib“ hatte bereits Aristoteles überwunden. Ihm ging es immer nur um die leibhafte Wesenseinheit des Menschen. „Seele“ war ihm lediglich die „Form des Leibes“ und damit das formgebende, wesensbestimmte Prinzip, das die Materie belebt, das heißt zu einem menschlichen Leibe formt. Gleichwohl übernahm Aristoteles die sich in der Spätantike ausbildende Ausdifferenzierung in die „drei Seelenteile“, wobei allerdings das vegetative Prinzip jene Wirklichkeit meint, die sich bereits in der Pflanzenwelt ausdrückt, während die „sensitive Seele“ das Sensorium eines Tierreiches vertritt, das dann wiederum überhöht wird durch den „rationalen Seelenteil“, ohne daß dabei die Ganzheitlichkeit und Wesenseinheit des menschlichen Leibes in Frage gestellt wurde, einer Leiblichkeit, die in allen Formen und Phasen einer Reglementierung bedarf.

Ein durch und durch leibhaftiges Konzept diätetischer Lebensführung war bereits von den Stoikern aufgegriffen worden. So wird bei Seneca der Mensch geradezu definiert als „der kunstreiche Bildner seines Lebens“. Dafür biete ihm die Natur alle Voraussetzungen, wobei der eine den Stachel brauche, ein anderer wiederum den Zügel. Auf der stürmischen „Seefahrt unseres Lebens“ bedürfen wir einfach einer Lebensregel, eines Gesetzes und einer Ordnung, der Meisterung des Daseins durch jene naturgemäße Lebensführung, die allein in unsere Hand gelegt ist und das gesunde Sein garantiert.

Einer der großen Ärzte der Schule von Alexandreia, Herophilos von Chalkedon, hat diese diätetische Weisheit auf eine schlüssige Formel gebracht, wenn er bemerkt: „Wenn die Gesundheit fehlt, kann sich die Weisheit nicht zeigen, die Kunst nicht in Erscheinung treten, die Kraft den Kampf nicht aufnehmen, aller Reichtum nicht nützen, der Verstand sich nicht auswirken“. Gesundheit ist daher das höchste Gut und die Heilkunde die vornehmste aller Künste.

3. Leib-Bilder im arabischen Mittelalter

Wenn von einer Geschichte des Leibes die Rede sein soll, kann eine der faszinierenden Hochkulturen des Mittelmeerraumes nicht ausgeklammert werden: die Heilkultur des arabischen Mittelalters mit seiner so ausgesprochenen Mittlerfunktion. Chinesische Überlieferungen wurden hier konfrontiert mit altindischer Tradition, iranische Glaubensstoffe mit der jüdischen Gotteslehre und diese ganze Welt des vorderen Orients nicht zuletzt mit dem, was in den ersten Jahrhunderten n. Chr. immer noch lebendig wirksam war als die Welt des Hellenismus.

Als Grundströmungen zeigen sich in diesem reichgegliederten Quellengebiet zunächst die altorientalischen Kulturtraditionen, worunter die jüdischen Propheten ebenso zu rechnen sind wie die Jünger Zarathustras, die absolutistischen Sozialformen der alten Flußkulturen gleicherweise wie das jahrtausendalte magische Weltbild des alten Orients oder auch die griechische Spätantike mit ihrem hellenistischen Fluidum.

Das Kristallisationszentrum dieser Hochkultur aber bildet der Islam. „Islam" bedeutet soviel wie „Hingabe, sich seinem Gotte ergeben". Wer in dieser Weise hingegeben ist, ist ein „muslim". Er ist eingetreten in den „Stand des Heils". Aus der gleichen Sprachwurzel stammt nun auch der arabische Schlüsselbegriff für die Gesundheit, der „salam", was wohl auch Frieden heißt, mehr aber und genauer: die Harmonie an Leib und Geist und Seele, ein rundum Wohlsein und damit auch das Ganze, das Gesunde, das Heil, jene „integritas" der lateinischen Scholastiker, die Paracelsus übersetzen konnte mit „Gesunde und Gänze".

Hingegeben im Islam an Allah, was soviel bedeutet wie „das Ziel des Herzens und des Auges", versucht der Muslim, in dieser Welt ein religiöses Leben zu realisieren. Die Intention seiner Lebensweise erstreckt sich dabei auf die Bildung der gesamten Persönlichkeit, die niemals zwischen dem religiösen oder einem wissenschaftlichen

Lebensstil unterscheiden sollte, die denn auch eine Trennung in somatische oder psychische Bereiche gar nicht erst aufkommen ließ, wie an einigen Zeugnissen und Leib-Bildern gezeigt werden soll.

Im Jahre 430 der Hidschra, dem Jahre 1038 n. Chr., fand im islamischen Basra ein Symposion arabischer Ärzte und Philosophen statt über das Thema: „Ist die Medizin eine hinlängliche Kunst, und worin besteht die vortreffliche Eigenschaft des Arztes". Aus der dort aufkommenden Diskussion entwickelte Ibn Bachtischu (gestorben 1058) eine Philosophie der Medizin, die in dem Satz gipfelte: „Der Mensch ist der Gegenstand der Heilkunde", der ganze Mensch aber in der vollen Harmonie von Leib und Seele. Gerade an den Krankheiten – so hieß es – ließe sich zeigen, daß der Mensch in seiner Ganzheit nicht aufzuteilen sei, weshalb auch alles Therapieren das Körperliche wie das Seelische zugleich zu berücksichtigen habe, was etwa am Beispiel der Schlaflosigkeit durch Kummer beschrieben wird und besonders eklatant an den Liebeskrankheiten.

Seele und Körper zählen hier lediglich als Aspekte einer einheitlichen Lebenshaltung und eines einheitlichen Lebensvollzuges, allerdings unter verschiedener Hinsicht: „Die Seele ist der Träger des Körpers, der Körper das Getragene". Das wird besonders deutlich, wenn man den Ursachen von gesund und krank nachgeht und ihren Vorbedingungen, die hier heißen: „die Luft, die uns umgibt; das, was man ißt und trinkt; ferner Schlafen und Wachen, Bewegung und Ruhe, Stauung und Entleerung und schließlich die Vorgänge im Gemütsleben".

Von diesen Leidenschaften wie überhaupt von allen Bewegungen des Geistes oder des Gemütes aber wurde behauptet, daß sie ausschließlich im somatischen Bereich ablaufen. So überlieferte die arabische Tradition auch den berühmten Traktat des Galen, „daß die Vermögen der Seele eine Folge der Mischungen des Körpers sind", auch hier wieder deutliche Hinweise auf den Topos der „res non naturales", entnommen – über syrische Mittlerstufen – den Schriften des Galen von Pergamon.

Alles – so verlautet es auf dem Symposium zu Basra – habe der Arzt dabei gleichermaßen und gleichzeitig zu beachten: „die Luft, das Essen und Trinken, Schlafen und Wachen, die Bewegung und die Ruhe, Stauung und Entleerung sowie das Gemütsleben". Die Konstitutionen der „psyche" würden dabei stets den Mischungen, dem „temperamentum" des Körpers folgen. „Sie sollten nur zu mir kommen –so heißt es auf dem Höhepunkt dieser Diskussion -, um zu lernen, was sie essen und trinken sollen. Das wird ihnen dann in der ethischen Philosophie von größtem Nutzen sein". Sie würden dann mehr zur Einsicht kommen, sich besser anpassen an Klima und Gegend, und sie würden auch in ihrer „geistigen" Haltung mehr Verständlichkeit erlangen. Denn was für die Diät von Speise und Trank gilt, das gelte hier auch für die Klimata und die Landschaften, für einen zu kultivierenden Lebensraum.

Exemplifiziert werden diese leib-seelischen Verhältnisse alsdann am Beispiel der leidenschaftlichen Liebe, die – wie schon der Name nahelegt – eine Krankheit ist, ein Pathema, „eine Art Sorge, und die Sorge ist ein Erleiden der Seele". Das Temperamentum des Körpers müsse daher korrigiert werden, und zwar mit Speisen wie mit Medikamenten, durch Bäder und vor allem durch die Musik, „vermittelst einer Komposition und Anordnung von Tönen, die dem Wesen des Menschen entspricht". Aufgrund einer solchen Proportionskunde, Stimmungstechnik, Harmonienlehre wird abschließend – mit Galen und Hippokrates – provokativ gefragt: „Was also hältst du von jenen, welche die Medizin praktizieren ohne philosophische Ausbildung?"

Soweit der historische Text und sein Fluidum! Von einem „Leib-Seele-Problem" sollte man in diesen älteren Heilkonzepten nicht einmal sprechen, obwohl gerade diese Problematik niemals zur Ruhe gekommen ist. „Der Gegensatz von Leib und Geist – schreibt Novalis (III, 682) – ist einer der allermerkwürdigsten und gefährlichsten", wobei er hinweist auf die „große historische Rolle dieses Gegensatzes". An dem „populären und gänzlich falschen Gegensatz von Seele und Körper" hat besonders Friedrich Nietzsche Anstoß genommen, und er ist nicht müde geworden, die „unphilosophische Rohheit jenes Gegensatzes" (I, 119) zu apostrophieren. Jedem denkenden Menschen müsse das Herz bluten bei einem so monströsen Begriff wie „Psychosomatik". Eine wirkliche Physio-Psychologie aber habe – so in „Jenseits von Gut und Böse" – immer mit „unbewußten Widerständen im Herzen des Forschers" zu kämpfen. Und mehr noch: sie habe „das Herz gegen sich". – Wieder das Herz!

Wie in den archaischen Hochkulturen ist auch im arabischen Mittelalter der philosophische Aspekt niemals vom religiösen zu trennen. In diesem Sinne erscheint hier wiederum das Herz als die sinnengesättigte Wesensmitte des Menschen. Darauf weist allein schon das arabische Wort „qalb" hin, was von „taqallaba" kommt und wörtlich die ständig sich wiederholende Auf- und Abwärtsbewegung eines Schlangenleibes meint, der auf der Erde von der Sonne erhitzt wird. In seiner rhythmischen Bewegtheit ist „qalb" aber auch die Mitte, der Kern, das Zentrum, der organische Kristallisationspunkt des Leibes.

Nach dem Koran ist es die schlotternde Angst, die bewirkt, daß „die Herzen in die Kehlen steigen". In der Sure 33, 10 und 11 lesen wir: „Daselbst wurden die Gläubigen geprüft und von mächtigem Zittern ergriffen". Bleibt das Herz indes frei von Freude an wertlosem Besitz, vom Streben nach eitlem Ruhm, von den Fesseln der Sünde, dann gerät auch das Herz zu einem fruchtbringenden Holz des Lebens. Das Herz wird ruhig und bekommt die Farbe des „salam", des Wohlgeratenseins an Leib wie Seele. Immer besser erlangt der mystische Mensch dabei das, was als „Polieren des Herzensspiegels" beschrieben wird.

Der antike Topos vom Herzen als dem Fürsten des Leibes, als Sonne des Mikrokosmos (sol Microcosmi), als König des Alls, er findet sich dann noch einmal wieder bei William Harvey, dem ein solcher „princeps in regno" vermutlich über Albertus Magnus übermittelt worden war, und über ihn wiederum durch die Araber, über Al-Farabi vor allem, dem ebenfalls das Herz ein König war, der über alle Organe, alle psychischen Funktionen seine weise Herrschaft ausübt, sein „regnum vitae", und dem alle Sinne als Botschafter dienen, als „Kundschafter und Zeugen für das Herz".

Bei Gazzali (1058-111) indes, dem großen islamischen Mystiker, heißt es kurz und bündig über die „Wunder des Herzens": „Wenn wir vom Herzen sprechen, so wisse, daß wir damit das wahre Wesen des Menschen meinen, das man sonst bald Geist, bald Seele nennt, nicht aber jenes Stück Fleisch, das in der linken Seite deiner Brust sitzt. Denn das hat keinen Wert – und auch die Tiere und die Toten besitzen es, und man kann es mit dem äußeren Auge sehen. Alles aber, was man mit diesem Auge sehen kann, gehört dieser Welt an, einer Welt des bloßen Augenscheins". Das Herz aber nicht!

Selbst in den „Erzählungen aus tausendundeiner Nacht" begegnet uns eine kleine bezaubernde Geschichte über die Rolle des Herzens im Leibe. Da lesen wir (Littmann I, 657): „Es gibt im Leibe einen Teil, der, wenn er gesund ist, auch den ganzen Leib gesund macht, und ist er ungesund, so ist auch der ganze Leib ungesund. Es ist dies das Herz! Das wunderbarste von allem, was im Menschen ist, das ist sein Herz. Denn das Herz ordnet sein ganzes Wirken". Kaum daß ein Mensch sich erinnert, sich äußert, seine Stimme erhebt und sein Ohr einem anderen leiht, wird er sich des Zentrums seines Leibes bewußt, das so lebendiglich in ihm schlägt und gleichsam tanzt: Es ist dies sein Herz!

Wie wesentlich in dieser Heilkunde und Heilkultur das Studium der Leiblichkeit für die geistige Existenz eines Menschen werden kann, geht aus dieser tiefsinnigen Betrachtung des Rabbi Josef ben Jakob ben Zaddik (ca. 1088-1149), Richter zu Cordoba, hervor, der in seiner Mikrokosmos-Theorie die Einheit von Welt und Leib zu vermitteln versucht hat. Da lesen wir: „Der Mensch ist vollkommen erschaffen, das heißt, es ist in ihm etwas von allem, was Gott erschaffen hat: darum wird er eine kleine Welt genannt.... . Und so kann der Mensch denn auch durch das Studium seines Leibes alle Welt erforschen. Er beginne mit den Sinnesorganen, die gleichsam die Schalen sind. Vier Sinne entsprechen den vier Elementen, der Gesichtssinn dem Feuer, das Gehör der Luft, der Geschmack dem Wasser und der Tastsinn der Erde. Der Geruchssinn gleicht dem Rauche oder Nebel, da auch dieser dem Ein- und Ausatmen entspricht. Vom Studium des Körpers und der Körperteile wird auf diese Weise der Mensch zur Erkenntnis der geistigen Welt und des Schöpfers gelangen, wird alsdann das Wesen aller Dinge und den Grund aller Gegenstände erfassen und zu der Überzeugung gelangen, daß Gott allein die Wahrheit sei, während alles übrige nur anlehnungsweise wahr genannt werden könne".

Welt und Leib existieren in dieser Weltanschauung in einem unauflösbaren Konnex. Die Materialität unserer Leiblichkeit unterliegt den gleichen Gesetzen, die in den Elementen des Kosmos walten. Gerade weil diese Welt in ihrem Aufbau derart intelligente Ordnungen aufweist, vermögen wir die Welt zu lesen, zu begreifen, zu gestalten. Welt und Mensch entsprechen einander, wobei der menschliche Leib die Führungsrolle übernimmt, die Materialität der Welt sich aber gleichsam wie ein Partner verhält. Was auch im menschlichen Dasein wäre wesentlicher als der Leib und damit unsere Welt, als unsere Erfahrungen in der Welt am eigenen Leibe!

Aus den physiologischen Grundbedingungen der Lebensordnung konnte sich im arabischen Mittelalter ein breites Spektrum hygienischer Alltagskultivierung entfalten. Grundbegriffe diätetischer Lebensführung sind „i´tidal" (symmetriea) als leiblich-seelische Ausgewogenheit und „muwafiq" (harmotton) als das Passende und in der Lage Angemessene. Aus diesem Maß versteht sich die „sihha" (Richtigkeit) und damit auch der legitime Nutzen der unentbehrlichen Heilkunst.

Nicht von ungefähr wird dem Propheten Muhammad das Wort von den beiden einzigen Wissenschaften in den Mund gelegt: der Heilskunde und der Heilkunde. Nur so verstehen wir auch den durchaus philosophischen Grundbegriff „salam“, von dem sich „islam“ herleitet als das Heile und Ganze.

In seiner „Bildung des Arztes“ nennt Ishaq b. ʻAli, ein Arzt des 9. Jahrhunderts, als eine Voraussetzung der natürlichen Harmonie der Körpermischung nicht von ungefähr die Beachtung der Umwelt und der geographischen Lage, alsdann die Regulierung von Speise und Trank, Bewegung und Ruhe, Wachen und Schlafen, Entleerung und Verhaltung, die Meisterung der Affekte wie auch Alter und Körperform, womit abermals das Schema der antiken „res non naturales“ rekapituliert wird.

Wie exemplarisch dabei das Tun des Arztes werden könnte, entnehmen wir einer arabischen Schrift des 13. Jahrhunderts, wo der Philosoph At-Tusi in einem Traktat mit dem Titel „Die Ethik des Hirten“ behauptet, der weise Mann solle es überall im Leben möglichst wie der Arzt machen: „Dieser prüft den menschlichen Leib unter dem Gesichtspunkt desjenigen Gleichgewichts, das je nach der Zusammensetzung der Glieder dem Ganzen zuteil wird. Dieses Gleichgewicht ist eine Grundbedingung der Gesundheit und die Quelle aller Funktionen. Wenn es vorhanden ist, trachtet er es zu erhalten, und wenn es fehlt, sucht er es zurückzugewinnen“. Auch der Ökonom handelt ja wie ein Arzt, und so auch der Staatsmann: Er garantiert das Gleichgewicht des Organismus wie das des Staatswesens, den „hal“, einen Zustand, der in sich nun einmal labil ist und dessen „kairos“ es daher stetig zu beachten gilt.

Fraglos erkennt man in diesen und ähnlichen Überlieferungen der arabischen Hochkultur noch das klassische Schema der antiken „Haushaltskunst“ (Ökonomik). Man findet deutliche Niederschläge dieser alten „oikonomia“ im „Buch von der Verwaltung“ des Avicenna, in der Haushalts- und Staatskunst des Ibn Chaldun wie auch in jenen diätetischen Grundschriften, die dann im lateinischen Mittelalter als „Regimen sanitatis“ weite Beachtung gefunden haben.

4. Leiblichkeit im christlichen Abendland

Spätere Generationen von Wissenschaftshistorikern werden sich mit Verwunderung fragen, warum es – bei all den so tiefgründigen Analysen über unsere Lebenswelt – im christlichen Abenland keine Geschichte des Leibes gegeben hat. Wir haben jedenfalls keine gefunden!

Selbst in dem voluminösen „Lexikon des Mittelalters" sucht man das Stichwort „Leib" vergebens. Was man da immerhin findet, ist der zart hingehauchte Begriff „Leib-Seele" mit direktem Verweis auf „Seele". Was da aber angeboten wird unter „Seele als wegen der ihr selbst nicht bewußten Beschränktheit zu überwindende Instanz im Prozeß der Wissensgewinnung und Willensbildung" – das hätte kein mittelalterlicher Gelehrter verstanden. Letztlich sei die Seele aber auch „in der Lage, sich zu transzendieren, um sich in ihre Ursprünge zu versetzen" (LexMA VII, 1675/77). Was dazwischen angeboten wird, ist mehr oder weniger eine historische Exegese der neuplatonischen Seelentheorien. Zweifellos haben in dieser Tradition gnostische und kabbalistische Strömungen ihre Spuren hinterlassen, wie zu zeigen sein wird.

Wie sehr indes der Leib-Begriff im frühen christlichen Abendland lebendig war und maßgeblich blieb, zeigt uns der Topos vom „Christus Medicus", Jesus Christus, der als Heiland der Seele wie des Leibes galt, wobei die Wesenseinheit der Leiblichkeit durchgehend betont wird.

Um das Jahr 100 schreibt Ignatius von Antiochien an die Epheser (Ad Ephesos, 7): „Einer ist Arzt, der Fleisch ist und Geist: unser Herr Jesus Christus". Er ist es – so Ambrosius von Mailand – „der die Gesundheit verleiht (dator sanitatis)", der das Heil uns schenkt (dator salutis). Aus diesem Grunde – so Klemens von Alexandreia – heißt Christus, der „logos", auch „soter" (Heiland); denn er hat für die Menschen „Arzneien erfunden zum Wohlbefinden und zum Heile".

Und so sind die ersten christlichen Jahrhunderte voll von dieser sakramental durchstimmten Topik.

In einer seiner Predigten ruft Ambrosius von Mailand emphatisch aus: „Alles haben wir in Christus. Willst du eine Wunde heilen? Er ist Arzt. Glühst du im Fieber? Er ist der Quell. Brauchst du Hilfe? Er ist die Kraft. Suchst du Speise? Er ist das Brot". Christus galt als der „magnus medicus", der uns bereits in der Taufe das heilsame Wasser (aqua medicinalis) zukommen läßt, der uns die Buße als wahres Heilmittel (vera medicina) vermittelt, der sich selber im Herrenmahl gibt als ein „Heilmittel der Unsterblichkeit" (pharmakon athanasias). Mit diesen wenigen Grundbegriffen bereits ist die Bedeutung umrissen, die „Christus als Arzt" in den ersten christlichen Jahrhunderten gewonnen hat.

Weitere Zeugnisse häufen sich im dritten und vierten Jahrhundert. So nennt Tertullian (gest. 220) Christus einen „salvator" und „salutificator" und damit einen Heilkünstler (artifex salutis). Arnobius (um 300) ruft ihn an als „Christus sospitator", einen Heilbringer, der wahrhaft ein Bewahrer der Gesundheit sei (conservator). Origines (um 250) preist Christus als den „himmlischen Arzt", und für Novatianus Romanus (gest. 250) ist Christus der Arzt für Leib und Seele (et corporum et animarum medicus). Lactantius (um 320) nennt ihn schlicht und einfach „Iesus Salvator". Als der wahre Arzt gilt Christus auch bei Evodius (4. Jahrhundert), und er verleiht ihm den umfassenden Ehrentitel „Medicus Salvator Christus".

„Als Arzt ist Jesus in der Mitte seines Volkes getreten", schreibt der Kirchenhistoriker Adolf von Harnack (1892), und er nennt das frühe Christentum – wie heute der Theologe Eugen Biser – „eine medizinische Religion". Die frühe Kirche war ihm in erster Linie eine Krankenstation (statio medicinae). Und so sei denn auch nicht von ungefähr die Kirche zu allen Zeiten „die große Heilanstalt" geblieben, das „Lazarett der Menschheit".

Über die Jahrhunderte blieben vor allem die Klöster Stätten der Heilung wie der Heiligung (officina sanitatis et salutis). Im Geiste der benediktinischen Regula nennt noch Hildegard von Bingen Christus den großen Arzt (magnus medicus): „Er, der große Arzt, erregt die Wachenden, und alles, was schläft, macht er munter". Auch Petrus Hispanus, der einzige Arzt, der als Papst Johannes XXI. den Purpur trug, nennt Christus den „summus medicus". Für Paracelsus noch war Christus – „die Wurzel der Barmherzigkeit" – der Grund aller Heilkunde. „Denn gesund machen ist ein Werk der Barmherzigkeit, die fließet aus der Barmherzigkeit Gottes".

Für das frühe und auch noch hohe Mittelalter ist Christus eben nicht der „Seelenarzt", wie ein Titel wie „Medicina animae" nahelegen könnte, den der Magister Hugo von Folieto um die Mitte des 12. Jahrhunderts verfaßt hat, zumal auch hier Christus mit Hippokrates verglichen und gepriesen wird als „summus medicus". Um die gleiche Zeit führt im „Decretum" des Burckhard von Worms Christus neben dem Titel „medicus" auch den eines „corrector". Und in den Predigten des 14. Jahrhunderts ist immer die Rede von dem „guten Arzt", dem „himelschlich arztat", der hier auch den Titel eines „Caelestis Medicus" führt.

Am Ende des Mittelalters erst und zunehmend mit dem Beginn der Neuzeit verblaßt das so lebendige Leitbild vom „Christus medicus". Es wird zum Motiv der verflachenden Volksfrömmigkeit und entartet zu blassen Votivtafeln, die Christus rein schematisch als Arzt oder Apotheker zeigen. Was vom Medicus Christus bleibt, ist der „süße Seelenfreund", der „Herzenströster", ein „geistig Labsal", die „heilige Seelenspeise", der Arzt allein noch der Seele. Und so hat sich denn im Herbst des Mittelalters die Kirche – unter dem Einfluß eines gnostischen Spiritualismus – zurückgezogen auf die alleinige Sorge um das „Seelenheil" des Menschen.

Verwundert hat man sich zu fragen, wie man nur im christlichen Abendland hat vergessen können, was schon Paulus in seinem Brief an die Römer (8, 22) mit so wuchtigen Worten schrieb: „Wir wissen, daß die ganze Schöpfung mitstöhnt und bis jetzt in Geburtswehen liegt. Aber nicht nur das. Vielmehr sogar jene, welche die Erstlingsgabe des Geistes empfangen haben, gerade auch wir selbst, stöhnen in uns und erwarten die Sohn- und Tochterschaft der Erlösung unseres Leibes". Dieses „Stöhnen" aber, was ist es anderes als der so ungemein sinnlich wahrnehmbare, einem jeden verständliche Ausdruck unserer Körpersprache, von dem Liegen „in Geburtswehen" ganz schweigen!

„Deus temperavit corpus", heißt es im 1. Korintherbrief (12,24): Gott hat den Leib gefügt, gestaltet, eingerichtet und geordnet, verfaßt als ein Ganzes in richtiger Mischung und rechter Beschaffenheit. Und so ist der Leib als Ganzes nur einer, obwohl er viele Glieder hat; bildet doch die Vielheit der Glieder nur einen einzigen Leib! Wenn aber ein Glied leidet, so leiden alle anderen mit. Und auch eine letzte, eine christliche Weisheit entnehmen wir dem Brief an die Korinther (1. Kor 15,44): „Gesäet wird ein sinnenhafter Leib, auferweckt ein geistiger Leib". Dieser Quellen eingedenk braucht es uns denn letztlich auch nicht mehr zu verwundern, daß man weder im Alten Testament noch im Neuen Testament eine Vorstellung findet vom Weiterleben einer Seele – getrennt vom Leibe – nach dem Tode.

Eine latente Philosophie des Leibes vertritt Isidor, Bischof von Sevilla, wenn er den Begriff „medicina" ableitet von „modus", was hier bedeutet Maß und Maßstab, Mäßigung auch in allem Verhalten. Im Sinne seines Leitwortes „medicina, id est a modo", ist der Arzt der Moderator, der Einhalttuer, der Handhaber der von der Ordnung festgesetzten Spielregeln. Medizin hat es hier zu tun mit Maß und Ziel, mit einer „regula" im Lebensstil, mit der leibhaftigen Mitte des Menschen. Und weil die Heilkunst alle anderen Künste (Artes liberales) umgreife, sei sie als eine zweite Philosophie (philosophia secunda) aufzufassen. Die Basis dieser „medicina" aber war die Diätetik als „conscientia bonae valetudinis", als Kunst gesunder Lebensführung, dargestellt durch die „officia ad regendam sanitatem", alles das eben, was wir erstreben zum Wohle des Leibes.

Die Regeln dieser Lebensführung finden wir in einer Literaturgattung, die den Titel „Ars vivendi" führt, zu der auch die „Ars moriendi" gehörte, eine Lebenskunst als „ordo vivendi" oder „virtus vivendi", eine Lebensform, für die im hohen Mittelalter die Formel „forma vitae" gefunden wurde, so beim Bischof Anselm von Havelsberg, der 1149 einen Traktat verfaßte mit dem Titel „Von der einen Form des Glaubens und der Vielförmigkeit des Lebens". Bei aller Vielförmigkeit der Lebensweise und Reichhaltigkeit menschlicher Lebensstile gebe es so etwas wie Grundformen, Urbedürfnisse, Konstanten, die aus der Natur des Leibes zu erklären sind und die gerade als natürliche Ursachen (res naturales) einer Kultur bedürfen (res non naturales).

Der Leib – schreibt Gottfried von St. Viktor – ist nicht nur körperhaft (corporaliter) zu erklären, sondern auch geistig zu verstehen. Bei allen geistigen Verrichtungen aber werde er auch leibhaft gepflegt und in allen leiblichen Angelegenheiten auch geistig erfrischt. Leib und Geist vertreten sich gegenseitig. Daher wird der Leib auch genannt: Gemahl des Geistes (uxor spiritus), Haus des Geistes (domicilium spiritus), Gehilfe des Geistes (iumentum spiritus), Genosse des Geistes (socius spiritus).

Eine verdeckte Philosophie des Leibes finden wir bei Albertus Magnus (1193-1280), der sein Konzept in der „Summa de homine" vorgelegt hat. Als „animal perfectissimum" ist der Mensch Modell jenes Kosmos, der von oben her durchsichtig geplant, von unten aus schichtenförmig gefügt ist, von innen her gesehen so transparent, um alle Geschöpfe in je verschiedenen Graden am Sein partizipieren zu lassen. Dabei mußte die überfließende Güte Gottes, das „summum bonum", sich mitteilen; Gott wollte Seine Herrlichkeit nicht allein haben. Er wollte Leib werden im Logos, um alle Welt leibhaftig heimzuholen in Sein verklärtes Reich.

Als ein „animal perfectissimum" hat allein aber auch der Mensch die Chance, sein Leben – im „regimen vitae" – leibhaftig zu gestalten. Er bedient sich der Natur, um sie zu jener Kultur zu bilden, die wiederum unsere zweite Natur werden soll. Wie leibhaftig dieser

Kulturauftrag an der Welt verstanden wird, zeigt der Satz des Albertus Magnus, daß der Mensch zwar – nach Aristoteles – ein soziales Wesen (animal politicum) habe, daß sein Wesen jedoch weitaus mehr noch begründet sei in seinem konkreten Zusammenleben als Mann und als Frau (homo est animal magis conjugale quam politicum), ein erstaunliches Bekenntnis auch zur Leibhaftigkeit des Menschen.

Bei Thomas von Aquin hingegen ist die Seele lediglich als Substantialform des Körpers zu verstehen; ihre Potenzen sind Akzidentalformen. Weil die Seele von der Materie, nicht aber von sich selbst abtrennbar ist, ist sie inkorruptibel und somit unsterblich. Das sind freilich ganz andere Töne, Nachklänge auch des vom Orient übernommenen gnostisch verfremdeten Neuplatonismus.

Verständlicher wird mit dieser einschneidenden Phasenverschiebung aber auch, warum ein Begriff wie „Seelsorge" erst mit dem späten Mittelalter aufkommen konnte, wobei unter „cura animarum" eher die pastoralen Dienste wie Beichte oder Begräbnis zu verstehen waren. Ähnliches gilt auch von der „Regula pastoralis" Gregors des Großen, später erweitert zur „cura regiminis" oder einem „magisterium pastorale". Im Übergang zur Neuzeit entstand analog dann auch die Schriftengattung der „Ars moriendi", welche die ältere, an das Leibhaftige gebundene „Ars vivendi" verdrängte und lediglich noch die „Kunst des heilsamen Sterbens" zu vermitteln gedachte. Die wichtigsten Lebensbereiche, selbst des religiösen Lebens, sie sind mit dem ausgehenden Mittelalter mehr und mehr entkörpert worden, wurden wahrhaft „entleibt".

Gleichwohl ist es kein Zufall, daß auch in der lateinischen Scholastik – wie schon im Alten Ägypten, wie noch bei den Arabern – eine leibhaftige Zentralgestalt wie das Herz in den Vordergrund weltanschaulicher Betrachtungen treten konnte. Im Verständnis des Alten wie Neuen Testamentes schon war das Herz das von Gott gebildete geistige Zentrum des Menschen. Herz umgreift Verstand wie Gemüt und immer den ganzen Menschen. „Cor" – das ist einfach die Gesamtheit der Disposition des Menschen. Und so geht denn die

Tradition auch über Gregor den Großen und Thomas von Aquin durch das ganze Mittelalter, ehe es zu jener verhängnisvollen Dichotomie kam, die das Erkenntnisorgan und die Gemütsphäre auseinanderreißen wollte, Leib und Seele zu trennen versuchte, Kopf und Herz aus dem Rhythmus brachte.

In mittelalterlichen Texten jedoch hören wir immer wieder von der großen „Schatzkammer", in der das Herz sein Liebstes hortet und hütet. „Und sollen dir auch alle Schatzkammern des Geistes und des Herzens aufgetan sein", schrieb Goethe 1826 an Zelter. Von der „Schatzkammer des Herzens" hatte schon der Kirchenvater Tertullian gesprochen (De anima XV, 4). Öffnet sich dieses Herz, dann strömen Schätze auf den Leib und in den Geist. Ist dieser Leib selber doch Angelpunkt des Heiles (caro – salutis cardo). Leib und Heil sind einfach nicht zu trennen! Denn der Mensch, und wie sehr erst sein Herz, ist kunstvoll gewebt aus Seele und Leib, ist „carnis animaeque textura" (Patrologia Latina 2, 843).

In seinem „Buch der Natur" schreibt um die Mitte des 14. Jahrhunderts noch der Meister Konrad von Megenberg: „Denn die Natur hat das Herz gesetzt mitten in den Leib, auf daß es ein Brunnen und ein Ursprung sei der Kräfte aller anderen Glieder, und ist ein Schatzlädlein des Lebens". Das Herz – so heißt es – ist „die Laterne des Leibes", Anfang jeglicher Regung, bleibendes Licht auf der Lebensbahn, wahrhaft ein Schatzkästlein.

5. Eine „Philosophie des Leibes" bei Hildegard von Bingen

Die wohl geschlossenste Philosophie des Leibes in der Kulturgeschichte des frühen Abendlandes finden wir zu unserer Überraschung gerade im Mittelalter, und dies ausgerechnet in den Schriften einer Frau, der heilkundigen Äbtissin Hildegardis vom Rupertsberg bei Bingen (1098 – 1179).

In ihrer Kosmos-Schrift „De operatione Dei" bringt Hildegard von Bingen bereits in der Eingangsvision mit prophetischer Bestimmtheit zum Ausdruck, daß alles Werk Gottes einzig und allein im Menschen und durch den Menschen zur Blüte komme (opus per hominem floreat). Und auf dem Höhepunkt ihrer Weltschau nennt die Seherin diese Blüte der Welt auch mit Namen: Es ist nicht der Geist und auch nicht die Seele, es ist der Leib, der die gesamte Existenz des Menschen ausmacht (homo – corpus ubique). Außen wie innen, oben wie unten, überall finden wir den Menschen als Leib (LDO IV, 103).

Mit dem Leib, diesem universellen Medium, haben wir die Welt leibhaftig. Wie das bei Hildegard zu verstehen ist, kann an einem Beispiel erläutert werden. Unser Magen – nicht etwa das Gehirn und auch nicht das Herz – ist fähig, die Welt zu fassen (capax mundi), wie auch der ganze Weltenraum nichts ist als ein Riesenmagen, der immerfort die Weltstoffe durch uns hindurch filtert (capacitatem mundi ostendit). Daher verlangt der Magen auch ständig nach den inneren Kräften der Geschöpfe, die er aufnimmt und wieder abgibt, um so unterhalten zu werden und in stetiger Korrespondenz zur Konkordanz zu finden (LDO IV, 71).

Und so werden neben dem Magen auch alle anderen Glieder des Leibes von Kopf bis Fuß durchgesprochen und mit dem Prolog des Johannes-Evangeliums in Verbindung gebracht, um daran zu zeigen und ganz konkret zu demonstrieren, daß „das Wort ist Fleisch geworden".

Es mag uns sicherlich überraschen, in dem angeblich naturfeindlichen und leibhassenden Denken des Mittelalters eine Lehre zu finden, in welcher der Mensch in seiner totalen Existenz definiert wird als Leib. Die Stelle lautet im Zusammenhang: „Und so bilden Leib und Seele eine einzige Wirklichkeit (unum opus). Denn von Anbeginn an ist der Mensch oben wie unten, außen wie innen (et supra et subtus, circa et intra) allüberall Leib (corpus ubique). Und das ist das Wesen des Menschen (et hoc modo est homo). So ist er, der Mensch" (LDO IV, 103)!

Gott schuf die Welt um des Menschen willen, weil auch Er Mensch werden wollte. Dieser Mensch aber war von Anfang an (genitura mystica) geschaffen als Mann und Frau, wie er auch leibhaftig als Geschlechtswesen wieder auferstehen wird (in integritate membrorum et cum sexu). Diesen so wesentlichen zwischenmenschlichen Bereich aber erfahren wir nicht in innerseelischen Verhältnissen oder in irgendeiner Art von Selbstverwirklichung, sondern sehr konkret als unser Wirken in der Welt (opus cum creatura), als ein Amt in der Welt und damit auch an der Welt, als einen ökologischen Auftrag. „Und so ist der Mensch ein Wesen mit Leib und Seele, und er existiert als das Werk Gottes mitsamt aller Kreatur" (LDO IV, 104: opus Dei cum omni creatura).

Die kosmischen Landschaften des Leibes

Zu Beginn ihrer Heilkunde (Causae et curae) wird die Leiblichkeit des Menschen mit ganz schlichten Bildern beschrieben: „Alle Elemente der Welt befinden sich auch im Menschen, und mit ihnen wirkt der Mensch. Sie tragen die Namen: Feuer, Luft, Wasser, Erde. Diese vier Grundstoffe sind in sich selber dermaßen verflochten, daß keines vom anderen getrennt werden kann. Insgesamt halten sie sich im Verbund so zusammen, daß man sie ‚Firmament' nennt: das feste Gefüge des Weltalls" (CC 3).

Wie dieses elementare Gefüge nicht nur die große Welt da draußen gestaltet und belebt, sondern auch unseren kleinen Organismus, wird wiederum sehr einfach geschildert: „Als Gott nämlich den Menschen schuf, wurde der Erdenlehm mit Hilfe des Wassers zu einer Gestalt zusammengeleimt. In diese Form wurde alsdann der Lebenshauch aus Feuer und Luft gesandt. Mit Hilfe des feurigen Lebenshauches entstand so aus Lehm und Wasser das Fleisch, und mit Hilfe der ätherischen Luft wurde Wasser zu Blut. Da Gott nun auf diese Weise den Adam erschaffen, da umstrahlte sogleich der Glanz der Gottheit die Masse aus Lehm, aus dem er gestaltet war. Und so erschien dieser Lehm als die ihm gegebene Form in der kunstvollen Linienführung aller Glieder nach außen hin. Nach innen aber blieb er noch leer" (CC 42).

In einem zweiten Ansatz wird alsdann die Gestaltung des Innengefüges geschildert: Herz, Leber, Lunge, Magen, Eingeweide, das Gehirn werden geformt sowie alle übrigen Organe. Die grünende Kraft der Seele aber, die das alles lebendig macht, ist ihrem Wesen nach feuriger, luftartiger und feuchter Natur; ihren Sitz hat sie im Herzen, das die elementaren Kräfte verteilt. Die Leber erwärmt das Herz, die Lunge bedeckt es, der Magen ist Sitz der Ernährung. Das Herz hat dabei das Wissen, die Leber das Empfindungsvermögen; die Lunge ist das Verbindungsstück zur Vernunft (rationalitas). Der Mund ist ein Schallrohr und zugleich der Stimmträger. Die Ohren sind wie zwei Flügel, die alle Stimmen ein- und ausführen. Die Augen sind Wege des Menschen, die Nase vermittelt Geschmack (sapientia) – und so fort durch alle Gliederungen des Leibes hindurch (CC 42/43).

Feuer, Luft, Wasser, Erde – diese vier befinden sich im Leibe des Menschen, und aus ihnen hat er seinen festen Bestand. Vom Feuer besitzt er die Wärme, von der Luft den Atem, aus dem Wasser sein Blut und aus der Erde die festen Gewebe. Oder – um noch einen Vergleich zu nehmen-: „Vom Feuer hat er das Sehen, durch die Luft das Hören, aus dem Wasser die Beweglichkeit und durch die Erde seinen festen Gang. Und in aller Welt herrscht üppiges Gedeihen, wenn die Elemente ihre Aufgaben ordnungsgemäß erfüllen" (CC 49/50).

Die vier Elementarkräfte gestalten somit nicht nur die große Welt, sondern bilden auch den Menschen als einen Mikrokosmos aus. „Denn wie die Elemente die Welt zusammenhalten, so bilden sie auch das Gefüge (compago) des menschlichen Organismus. Die Elemente sind es, die ihre strukturelle Ausbreitung (effusio) wie auch ihre funktionalen Aufgaben (officia) derart im Menschen aufgeteilt haben, daß er in festgefügter und gleichgestimmter Organisation bestehen kann, wie ja auch die Elemente als Substanz und Wirkfeld der äußeren Natur zu verstehen sind" (CC 49).

Das elementare Körperschema – mit Kopfraum, Brust und Gliedmaßen – steht aber nicht nur in einem unmittelbaren Bezug zu den Weltkräften, sondern findet auch sein genaues Analogon im Sinnenleben wie im Gnadenleben. So entsprechen die Füße den Flüssen; sie tragen den Menschen leibhaftig durch den Kreislauf seines Daseins. So gleicht die Nase den Luftzonen; sie symbolisiert die Ordnung der Natur und Kultur, wie sie auch als das Organ der Weisheit der Orientierung des Menschen in der Welt wie auch seiner Distanzierung von der Welt zu dienen hat. So wird umgekehrt der Weltraum als ein Riesenmagen angesehen, wobei beide als Arsenal der Weltstoffe dienen und unsere existentielle Weltverbundenheit dokumentieren (LDO IV, 72).

Über zunächst rein physiologisch verstandene Funktionen des Magen-Darm-Traktes etwa werden sogleich die kosmologischen Bezüge ausgelotet, die sich dann im Leben des Menschen als psychologische Beziehung des Aufnehmens und Aneignens, des Anpackens und Bewältigens, des Behaltens oder Ausstoßens von Dingen niederschlagen, die den Menschen also ernähren oder ausdörren, die ihn erheben und anregen oder auch kränken und krankmachen.

Nutrition ist dem Wortsinne nach ja nichts anderes als der stetige Prozeß der Ineinanderverwandlung aller Lebewesen, eine permanente organische Assimilation. Dabei dient der somatische Assimilationsprozeß nur als Sinnbild geistiger Zueignung und Aneignung, als ein

Bild wirklicher Einverleibung. Und so verlangt auch der Hunger nach Sättigung; aller Durst will Stillung und weiß um die Quelle. Wenn mit Früchten der Bauch gesättigt ist – schreibt Hildegard - , weicht der Hunger, so wie die Blüten weichen, wenn die Frucht kommt. Ist doch der Mensch von Natur aus ein Bedürftiger (homo destitutus). Etwas von draußen müssen wir aufnehmen, uns einverleiben, im eigenen Leibe bergen und beherbergen. Aneignung ist immer Einverleibung. Und so trinken wir den Wein nicht bloß in uns hinein, sondern wir verwandeln ihn in uns. Und wie uns jeder Atemzug mit dem uns umgebenden Luftmeer verbindet, so vollziehen wir mit jedem Bissen Brot eine Einverleibung der Erde.

Diese so konkrete Stilisierung des Alltags aber, sie ist für Hildegard letzten Endes eine Kultur des Leibes. Jeder bewußte Atemzug dient dem spirituellen Austausch mit Welt. Essen und Trinken sind weitaus mehr als ein biologischer Akt; sie haben einen hohen sozialen Rang, von ihrer kultischen Sinngebung gar nicht zu reden. Alle Ernährung, jede Bewegung, alle Leidenschaften, alles folgt einem durchgehenden Rhythmus und unterliegt einer erstaunlichen physiologischen Logik. Unser Leib hat medialen Charakter, überträgt kosmische Ordnungen auf praktische Lebensführung, wird zum Fundament aller sozialen und ökonomischen Orientierung.

Nur so konnte Hildegard etwa den Magen in seiner weltweiten Fassungskraft mit der Kapazität der Welt vergleichen. „Denn jedes Ding der Welt füllt dieses sein Fassungsvermögen mit seinen Keimen und Wachsen auf und läßt es nach seinem Dahinschwinden wieder leer zurück. Das bedeutet, daß der Mensch, der wie der Mond wächst und schwindet, am Werk mit der Seele ist, die da angefüllt ist mit aller Kreatur" (LDO IV, 71). Ist doch der Mensch wahrhaft das Herz der Natur, „und so geht denn auch vom Herzen ein Weg aus zu jenen Elementen der Welt, mit denen der Mensch das in die Tat umsetzt, was in ihm lebendig ist" (CC 96).

Aus der Schematik der Weltgliederung und mit dem Gefüge der Körperglieder kommt Hildegard dann auch wie selbstverständlich zu einer Systematik der Sinnesausstattung des Menschen. Über die fünf Sinne erklärt sie die so erstaunliche Sensibilität des Leibes, den Hunger, die Ermüdung, den Schlaf, die Assimilationskraft wie die Exkretionsfähigkeit, sein Regenerationsvermögen. Dem Sinnenleben folgt in weiteren Vergleichsreihen das Gnadenleben. Bis in die Spiritualität unseres Gewissensgrundes hinein erhält dergestalt jedes Ding der Welt eine geistige Ausdeutung und gewinnt damit seine eigentliche Bedeutung. Ohne diesen monumentalen Denkgang, in dem jedes Motiv dreifach – als Welt, als Leib, als Seele – verschlüsselt ist, wird man nicht in die kosmischen Landschaften des Leibes hineinkommen.

Zur Leib-Seele-Einheit

Wenn bei Hildegard von Bingen von „Seele" (anima) die Rede ist, ist immer der Leib mitgemeint. Die Seherin kennt weder einen Standpunkt der Seele außerhalb des Leibes noch einen Sitz dieser Seele im Körper. Die Seele lebt in jedem Teil des Körpers, wie dieser auch durch sie belebt wird. Leib und Seele stehen in einem Nicht-ohne–Verhältnis, in einem wesensinnigen Zusammenhang, in Übereinstimmung. Seele ist das Wirken des Leibes (opus corporis). Sie hat ihre Freude daran, am Werke zu sein, um das Tun des Leibes (opera corporis) zu erfüllen. Ihre Mission ist Beleben (vita) und Bewirken (opus). Mit großer Distanz und sehr diskret spricht Hildegard von dieser Seele, die sie auch mit dem Namen „Geist am Werk" (operans spiritus) benennt (LDO IV, 86).

Der Baum vor allem in seiner urwüchsigen Gestaltung und vielschichtigen Verzweigung wird für Hildegard zum Ursymbol der leib-seelischen Einheit des Menschen. „Was der Saft im Baum ist, das ist die Seele im Körper, und ihre geistigen Kräfte entfaltet sie wie der Baum seine Gestalt. Die Erkenntnis (intellectus) gleicht dem Grün der Zweige und Blätter, der Wille (voluntas) den Blüten, das Gemüt (animus) ist wie die zuerst hervorbrechende, die Vernunft (ratio) wie die voll ausreifende Frucht. Der Sinn (sensus) endlich gleicht der Ausdehnung des Baumes in die Höhe und Breite. So ist die Seele der innere Halt und die Trägerin des Leibes" (Sc I,4). Sie ist das belebende Prinzip und der Tätigungsgrund.

Dieser Hintergrund einer Naturphilosophie, mehr noch einer Naturmystik, muß ganz ernst genommen werden, will man die Sprache ihrer „Philosophie des Leibes" verstehen. Als das geschaffene Werk (opus operationis Dei) hat der Mensch seine optimale Verfassung und seine bevorzugte Stellung. Als gestaltendes Wesen (homo operans) ist er berufen, die gesamte Welt zu repräsentieren und als ein Spiegel des Weltganzen (speculum universi) sein Werk zu vollenden. Als Vernunftwesen (homo rationalis) unterhält er ein permanentes Gespräch mit der Welt, wodurch er verantwortlich wird für die Schöpfungsordnung und deren Heilsbestimmung (homo responsurus). Und wie Gott und Mensch gleichsam „ein Christus" sind (Deus et homo unus Christus), so sind auch die vernunftbegabte Seele (anima rationalis) und das sterbliche Fleisch (caro mortalis) eine einzige Person (Sc II, 6). Die Seele ist das „Fundament des gesamten Organismus". Sie durchtränkt gleichsam den Leib. Der Mensch wird auf diese Weise zum „blühenden Garten (floridus hortus), in dem der Herr Seine Augen weidet" (LDO IV, 82).

Als wahrhaft durchgeistete Natur wirkt auf diese Weise die Seele im Leibe. „Und wie die Biene in ihrer Wabe Honig bildet, so vollendet auch der Mensch leibhaft sein Werk, gleichsam wie Honig, und dies kraft der Seele, die gleichsam etwas Fließendes ist" (LDO IV, 103). Und so durchdringt der Geisthauch im Menschen, „Seele" genannt, das Fleisch ganz und gar, mehr noch, sie hält den Leib „für ein erfreuliches Gewand (delectabile vestamentum) und für eine schöne Zier (decorum ornamentum)" (LDO IV, 105). Leib und Seele wirken somit von Natur aus ihre Werke im Menschen in voller Harmonie, und dies in der gleichen Weise, wie auch Mann und Frau aneinander hängen und nicht voneinander geschieden werden können. Beide erst machen leibhaftig den ganzen Menschen.

Der Leib als Mann und Frau

Will man die Natur des Leibes indes ganz erfassen, so wie sie geschaffen ist als „opus Dei", so wie sie ursprünglich gemeint war, dann muß man auch die leibhaftige Geschlechtlichkeit mit allen ihren natürlichen Funktionen hinzunehmen mitsamt ihren sozialen Bedingungen wie auch ihrem spirituellen Fluidum.

Ohne jede Prüderie beschreibt Hildegard das Geschlechtsverhalten des Menschen in seinen verschiedenen Phasen und Graden. Mit großer Sicherheit geht sie davon aus, daß die Sexualität zum Urstand des Menschen gehörte, zu seiner ursprünglichen Konstitution (constitutio prima). Von Urbeginn an waren Mann und Frau in aller Ehrenhaftigkeit (in honestate et non in turpitudine) als Geschlechtswesen gedacht. Frau und Mann lebten in einem Liebesbund (in uno amore vivebant).

Dieser Bund findet seinen natürlichen Ausdruck im Geschlechtsakt (conjunctio), der durchaus schicklich eingerichtet ist (decenter instituta). Im Geschlechtsakt wird der weibliche „Acker" vom männlichen „Pflug" umgebrochen, damit Blut und Schweiß der beiden Partner gekocht werden und gleichsam in eins zusammenfließen (in unum confluunt). Auf diese Weise ist die Frau wirklich ein Fleisch mit dem Mann und eben durch diesen Mann geworden (una caro cum viro de viro).

Sinn der fleischlichen Kopulation ist neben der Fruchtbarkeit immer auch die Lebensentfaltung der Partner. Mann und Frau sind ein „opus alterum per alterum", wo einer sich mit dem anderen verwirklicht. Dieses Zusammenkommen von Mann und Frau, das mit den drei Phasen der Libido (concupiscentia), der Potenz (fortitudo) und dem Akt (studium) beschrieben wird, dieses „Geschlechtsleben" ist für die Seherin Hildegardis nichts Geringeres als ein Abbild für das innertrinitarische Leben der Gottheit.

Auch in Hildegards „Heilkunde“ heißt es klipp und klar: „Die Frau ist um des Mannes Willen geschaffen, und der Mann ist für die Frau gebildet worden. Wie sich die Frau nicht vom Manne, so soll auch der Mann sich nicht von der Frau und keiner vom anderen mehr trennen. Das liegt einfach in der Einheit ihrer Naturen, da sie ja beide in einem Werke eines wirken, so wie Luft und Wind ihre Werke zusammen verrichten“. Und in der Kosmos-Schrift heißt es ganz ähnlich: „Mann und Frau sind auf eine solche Weise miteinander vermischt, daß einer das Werk des anderen ist (opus alterum per alterum). Ohne die Frau könnte der Mann nicht ‚Mann‘ heißen, ohne Mann könnte die Frau nicht ‚Frau‘ genannt werden“ (LDO IV, 100).

Und wie die Sexualität nach Hildegard bereits zum ursprünglichen Wohlstande, der „constitutio prima“, gehörte, so bleibt sie dem „homo destitutus“ noch hilf- und trostreich im jetzigen Notstand, und sie wird dereinst im endgültigen Wohlstande, der „restitutio“ einer verklärten Schöpfung, zum Symbol ewiger Beseligung, wenn nämlich, wie es heißt, (Sc III, 12) „omnes homines integris membris et corporibus suis in sexo suo surrexerunt“, und an anderer Stelle: Sie alle werden auferstehen in ihrer vollen und unverkürzten Leiblichkeit (in integritate et corporis et sexus sui).

Gott, der Herr, hat den Menschen gleichsam gefestigt und gerüstet mit allen Kräften der Natur. „Er hat dem Menschen die Rüstung der Schöpfung angezogen, damit er die Welt im Sehen erkenne, im Hören verstehe und am Geruch unterscheide, damit er ferner im Geschmack von ihr genährt werde und sie im Tasten beherrsche“ (LDO IV, 97). Darum pflege der Mensch auf dem Wege zum Heil Tag für Tag Rat mit der Weisheit: wie er wohl beim Sehen und Hören, beim Riechen und Schmecken und Tasten „alles Unnötige von sich entferne, einem Künstler ähnlich, der sein Werk so lange feilt und formt, bis es die rechte Schönheit hat“.

Die ganze Welt lebt so im „Geisthauch der Heiligkeit“, in jenem „Feuerbrand der Liebe“, den Hildegard in einem Hymnus auf den Heiligen Geist, einem Lobgesang auf die Materie auch, besungen hat, wo sie bekennt (S. 137): „Durch dich wogen die Wolken, wehen auf die Lüfte. Die Steine triefen vom Saft, Quellen sprudeln ihre Bäche hervor, durch dich quillt aus Erden das erfrischende Grün". Und dann – mit einer ganz persönlichen Wendung: „Du führest auch meinen Geist in die Weite der Welt, wehest Weisheit ins Leben und mit der Weisheit die Freude".

6. „Das leiblich Firmament" bei Paracelsus

Als eine ausgesprochene „Philosophie des Leibes" begegnet uns das Bild von Welt und Mensch bei Theophrast von Hohenheim (1493-1541), der sich später Paracelsus nannte. Der Leib war für ihn in der Tat eine ganze Welt, wie sich für ihn auch die Welt zu spiegeln vermochte im „leiblichen Firmament".

Von der Omnipräsenz der Leiblichkeit fühlte sich Paracelsus derart durchdrungen, daß er schlichtweg bekunden konnte: Das sieht ein jeder ein, „daß ein Mensch so viel Leben hat, als er Leib hat. So nun ein Glied hinweg kommt, so viel hat er auch das Leben weniger" (II, 305). Und an der gleichen Stelle klingt das in seiner deklamatorischen Art noch einmal an: „So vernehmet denn, daß ein Mensch so viel Leben hat, wie er Leib hat". Das ist schon ein klarer Ausgangspunkt!

Aber Hohenheim begnügt sich nicht mit der Aussage; er will sogleich weiter erläutern, wenn er ausführt, daß auch „Leib und Geist nur EIN Ding" sei. Beide Aspekte müßten daher stets in eins gedacht werden, „denn die zwei erst geben einen Menschen" (X, 651). Und noch einmal gesteigert: „Der Leib, die Seel´, der Geist – die machen EINEN Menschen. So die drei beieinander sind, so ist dies das Leben", das eigene, so eigenartige leibliche Leben. Der Mensch in seiner Leiblichkeit ist eben eine ganze Welt mit Himmel und Erde, mit Wasser und Luft. Alles steht in einem inneren Zusammenhang und in einer Konkordanz. „Also nimmt der Leib des Menschen den Leib der Welt an wie ein Sohn das Blut vom Vater. Denn es ist EIN Blut und EIN Leib" (IX, 94).

„Des Himmels Inwurf"

Über die Gesetze der Natur kommt Paracelsus immer wieder auch auf die Gesetzlichkeit der Zeit zu sprechen, die uns „des Himmels Inwurf" aufzeigt. Daher sollten wir ihn auch möglichst genau kennenlernen: „den Eingang des Himmels in uns, und daß er sich in uns solle leiben". Unser Leib ist es demnach, der gleichsam „den

Himmel anzieht und in sich hinein reißt" (VIII, 164). Mit dem Wissen um die Natur des Leibes ist daher untrennbar verbunden das Walten der Zeit, besser: jener „Zeitigung" der Zeit, die uns den Prozeßcharakter alles Lebendigen vor Augen führt und die uns zu weisen weiß an ein verbindliches Ziel, an „das Letzte aller Dinge".

Welt begegnet uns ja nicht nur als Erbwelt und Umwelt; Welt steht hier im Horizont jener Zeit, die der Mensch leibhaftig zu gestalten vermag: als ein System möglicher Spielräume und eigener Spielpläne. In den vielfältigen Formen und Gestaltungen der Natur wächst jene Zeitlichkeit auf, eine „Zeitgestalt", die allen Dingen einen geistigen Atem verleiht. Sie ist wie die Unruh in der Uhr, die nicht stille steht. Das Leben des Wassers ist sein Fluß; des Feuers Leben ist die Luft, und auch zur Erde gehört ein unsichtbar im Leibe verborgenes Leben.

Aber auch die Zeit will zunächst einmal verstanden werden aus dem Licht der Natur. In diesem Licht gehören Welt und Mensch (homo et coelum) einfach zusammen als EIN Ding, gleicherweise „wie die Röte im Wein ein Ding ist und die Weiße im Schnee" (IX, 600). Welt und Mensch sind eine, eine einzige Wirklichkeit!

Auch das scheint mir schon ein klarer Satz, ein eindeutiger Ansatz! Denn der Mensch wird erlernt aus der großen Welt, der Mikrokosmos aus dem Makrokosmos, das geht wohl nicht anders: „Das ist die Konkordanz, die den Arzt ganz macht, so er die Welt erkennt und aus ihr den Menschen auch, welche gleich ein Ding sind und nicht zwei" (IX, 45). Wir führen keine Existenz im luftleeren Raum; wird sind eingetaucht in Welt, sind Teil ihres Alphabets. Von daher die Lesbarkeit der Welt und das Vernehmen ihrer ökologischen Partitur.

Und da nun der Mensch und die Welt sich derart vielschichtig entsprechen, so folgt aus dem sein Adelsname Mikro-Kosmos. Mit dem der damaligen Tradition entnommenen Namen des Mikrokosmos wird der Mensch als Leib in seiner Natur und mit seiner Geschichte konkret in den Raum gestellt. Indem wir ihn in seiner Gestalt beschreiben, begegnet er uns leibhaftig in personaler Existenz. Auf das Auftun der Augen soll all unser Tun gerichtet sein, „dieweil im Licht der Natur so heiter gezeiget wird, unsichtbare Dinge sichtbar zu machen" (IX, 253). Diese leibhafte Wirklichkeit ist nicht blind, und sie ist nicht stumm. Sie erscheint vielmehr augenscheinlich im „Licht der Natur". Sie macht sich vernehmbar vernünftigen Organen. Wir durchlaufen sie auf allen Wegen der Erfahrung und erkennen die Zeichen. Alles aber, was sich in diesem Licht erkenntlich macht, augenscheinlich wird, das ist – mit einem Wort – Leib!

Als das Abbild der großen Welt hat folglich auch der Mensch in seiner irdischen Materialität seinen „leiblichen Himmel". Wissen wir doch, „daß alles, was wir essen, seinen Ursprung aus der äußeren Welt nimmt. Denn das Äußere muß das Innere nähren. Zu gleicher Weis´, wie die Leber muß Führung haben, die sie aus der Leber der Erden nimmt, so muß auch das Herz seine Erhaltung haben. Die aber nimmt es aus dem Herzen der Erden" (IV, 457). Makrokosmos und Mikrokosmos stehen nicht nur in einer universalen Entsprechung, sie unterhalten sich auch ständig in einem gegenseitigen Assimilierungsprozeß, einer weltweiten Aneignung und Mitteilung.

Wie in einem überdimensionalen Koordinatensystem wird auf diese Weise das Universum sichtlich gefaßt. Und wie die Sonne Himmel und Erde erleuchtet, „also leuchten die Augen ihrem Leib". Die Dinge der Natur kommen nicht nur zur Erscheinung, sondern auch zu ihrer Enthüllung. Der Kräuter Kräfte sind unsichtbar, und doch werden sie aufgespürt. Die Tiere bleiben stumm, und doch bringt der Mensch ihr Wesen ans Licht. Mit seinem fachkundigen Wissen um den Menschen versucht vor allem der Arzt immer wieder von neuem diese Natur zu erkunden, auf daß „der gefangene Glanz" frei werde. Unwillkürlich denkt man an dieser Stelle an Alexander von Humboldt, der mit seinem „Kosmos" ja auch gewollt hat: „den Geist der Natur zu ergreifen, welcher unter der Decke der Erscheinungen verhüllt liegt".

Dieser Leib –„das leiblich Firmament" – ist aber nicht nur ein Medium zwischen dem Mikrokosmos und dem Makrokosmos; er ist ein Mesokosmos, eine komplette Zwischenwelt für sich. Mit dieser leibhaften Welt, dem welthaften Leib sieht sich der Arzt auf eine Fährte gesetzt. Als der fachkundige Interpret menschlicher Leiblichkeit, als der leibhafte Wirt und Walter unserer Existenz, weiß er um Gesundheit und Krankheit: „Er begreift den Puls im Firmament, die Physiognomie in den Gestirnen, die Chiromantie in den Mineralien, den Atem in den Winden, die Fieber im Erdbeben" (VIII, 77).

Dimensionen des Leibes

Nach Paracelsus ist es Aufgabe des Arztes, „den Leib in Gesundheit zu erhalten und den Kranken in seine alte Gesundheit zu bringen" (VI, 213). Die Gesundheit des Leibes wird denn auch immer als ein besonders hohes, ja als das höchste Gut gepriesen: „Denn was ist mehr? Was Größeres? Was ist noch nützlicher, oder was geht über einen gesunden Leib?" Alle die so geheimnisvollen Kräfte der Natur, sie seien letztlich doch nur dazu da, „den Leib zu erhalten in Gesundheit, die Krankheiten zu vertreiben, das traurige Gemüt zu befreien, vor Krankheiten zu bewahren, um so den Leib zu erhalten" (III, 119).

Nun erst können die Dimensionen des Leibes näher ausgeleuchtet werden, was geschieht durch den Einsatz der drei Prinzipien mit den altertümlichen Namen „Sulphur, Mercurius, Sal" (IX, 45). Alle drei insgesamt bilden den Menschen, der nur einen einzigen Leib darstellt. „Darum wisset, daß EIN Leib ist, aber DREI Ding" (IX, 83). Als die drei Dinge werden dann von Paracelsus immer wieder die drei Prinzipien leibhafter Lebensprozesse sehr sorgfältig beschrieben: „Sulphur" als Phänomen der Brennbarkeit, „Mercurius" als Prinzip der Verflüssigung, „Sal" als der erstarrende Restbestand. Und so ist denn auch der ganze Leib durchwachsen mit „Sulphur", insofern er mit der Zeit im Feuer unsichtbar verzehrt wird. So hat auch das Blut seinen „Sulphur", der Muskel wieder ein anderes, jedes Organ sein eigenes. Und so hat alles Leibliche auch das Flüssige in sich, ein jedes Organ seinen „Mercurius". Ohne das Prinzip des „Sal" aber wäre nichts Greifliches da; alles würde sich verflüchtigen ohne dieses Gerinnungsprinzip in der Flüssigkeit. Und auch hier wiederum wirkt jeweils ein anderes „Sal" in den Beinen, im Blut, im Gehirn.

An dieser Stelle wird besonders deutlich, warum die Elemente der antiken Qualitätenlehre nicht Träger sinnlicher Erfahrungen sein können. Sie sind lediglich die Stoffe, in die das Lebendige gelegt ist; zum Erscheinen der Stoffe im konkreten Spiel des Organismus braucht es daher eines Führungsprinzips. Dieses aber ist es in seiner dreifachen Wirkungsweise, das da den Leib regiert. Es ist dabei die gleichartige substantielle Zusammensetzung der Stoffe, die auch gleichgerichtete Funktionen bedingt. Struktur und Funktion bilden hier noch ein einheitlich geschlossenes, ein leibhaftiges Bedeutungskontinuum, das Paracelsus auch nennt: die Ordnung der Natur. Alles aber, was sich im Licht der Natur erkenntlich macht, das ist Leib. Denn „alle Dinge, die Gott geschaffen hat, die hat er in der Korporalität gleicher Prozesse ausgeführt" (III, 38).

Der Mensch hat zu wandeln und zu wirken in diesem Licht der Natur; er soll begreifen, daß der Mensch aus seiner eigenen Vernunft nicht zur Erkenntnis kommen kann: „Etwas gibt der Mensch schon, aber unvollkommen. Was vollkommen sein soll, das muß weiter gesucht werden, nämlich bei dem Brunnen, da alle Menschen draus trinken" (XI, 164). Leiblichkeit wäre demnach weniger natürliche Artung als humane Leistung, wäre mehr noch die Möglichkeit, den Leib höher zu bringen, als es die angeborene Konstitution anzeigt, um so über das Korporalische zum Geistigen zu gelangen. Im Boden der Natur wird eine Chiffre sichtbar. Leben wir doch in einem Weltall, das Geist birgt und verbirgt, aber auch entbirgt. Mit dem „Auftun der Augen" erst erfahren wir dann die großen Wunderwerke (magnalia) der vollen Wirklichkeit (IX, 253). Nur was die Augen sehen und die Hände fassen, „wesentlich und sichtlich, greiflich und empfindlich" (I, 217), nur das ist Wirklichkeit des Menschen und Sinn aller Sinnlichkeit. Welt und Mensch bilden hier wahrhaft ein Gespräch.

Leib und Person, sie korrespondieren miteinander. Alle Dinge halten Zwiesprache mit dem Menschen. Sie „fabulieren" miteinander und geben Zeichen dem Leibe. Nichts ist geschaffen, es sei denn ein „Selbander" und damit auch ein „Miteinander".

Bei aller natürlichen Ernährung schon geht es nicht um „Mästung" und „Füllung", sondern um die „Erstattung" der Form, um die „Erhaltung" der Gestalt, um des „geschnitzelten Bildes Form" (IX, 72). Und so gilt es Tag für Tag, „das Bildnis wiederum zu ergänzen". Und so ist es einfach notwendig, „daß wir den Leib zu speisen und zu tränken wissen, auf daß die Speisen und Getränke den Leib in Gesundheit erhalten und seine Krankheiten vertreiben. Denn in der Speise sind große Mysteria und Arcana verborgen" (X, 556). Hier ereignet sich leibhaftig und lebenslang das Mysterium der Aneignung und Einverleibung der Stoffe, der Assimilation und Inkarnation, geheime Ereignisse einer inneren Fülle und existentiellen Erfüllung.

„Was aber dem Leib schadet – schreibt Paracelsus (IX, 257) -, das bricht auch das Haus des Ewigen". Ist „das Leibliche" doch das, „das dem Ewigen Aufenthalt gibt wie ein Wirt seinem Gast". Will Gott uns doch gesund und „freudenreich" in Seiner Schöpfung haben. Gott will uns haben „in dem, wozu wir Freud und Lust haben, auf daß wir in Seinem Namen essen und trinken und fröhlich seien" (II/V, 9). Und so sollte denn auch nichts in diesem unserem Leibe schlafen. „Es soll alles wachen, und der Leib soll fröhlich und lustig begehren und nehmen, was ihm zusteht" (VII, 263).

Vom Schicksal des Leibes

Aber nicht nur das, was in dieser irdischen Welt dem Leibe zu kosten zusteht, macht das Wesen der Leiblichkeit aus, sondern auch das Schicksal, die endgültige Bestimmung dieses unseres leibhaftigen Daseins. Gott selber nämlich will und wird uns erneuern, „macht uns jung, so wir alt und ungestalt sind und verjünget uns", auf daß wir auffliegen „gleich dem Adler der Höhe zu" (II/IV, 338). Auffliegen wie ein Adler solle der Mensch, um in die „höhere Geburt" zu gelangen und zur „Glorifizierung“ seines Leibes zu kommen. Alsdann wird er in seiner vollen Leiblichkeit teilnehmen am „Mahl des Herrn“.

Was den Leib des Menschen danach erwartet, wird vom Hohenheimer freilich nur noch in Gleichnissen angedeutet. „Wenn dann (so lesen wir in einer handschriftlichen Fassung des Traktates „De coena Domini“) der irdische Leib von uns kommt, so werden wir sehen, wie wir sind in dem ewigen: über alle Sonnen und Sternen“. Unser Leib wird auferstehen; alle Welt wird glorifiziert werden; alles Gold kommt zum Leuchten. Dann ist auch der Leib wahrhaft auferstanden „über die Sonne und ist glorifiziert geheißen“.

Bis dahin aber muß alles mit der Zeit gehen, in der Zeit reifen, ehe uns Gott seine Früchte gibt. Sind und bleiben wir doch die Arbeiter im Weinberg der Natur, im „labor sophiae“, um das zu tun, „das Gott in sie gegeben, gelegt und geschaffen hat“ (XII, 53). Zur „Bildung der Erde“ sind wir berufen, wie es später bei Novalis heißen wird. „Leiblichkeit ist das Ende der Werke Gottes“, wie es vom Ziel her Oetinger wußte. Der Leib des Menschen ist nicht nur das Zentrum der Schöpfung, sondern auch das aktive Endglied jenes noch anhaltenden Schöpfungsprozesses, der die Wunder der Welt leibhaftig an den Tag bringt.

INTERMEZZO

Leib und Seele – ein Problem?

Vorbemerkung

In seinem Vortrag vor dem Wiener Kulturbund über „Die Philosophie in der Krise der europäischen Menschheit" (1935) hatte Edmund Husserl die Behauptung vertreten: „Eine objektive Wissenschaft vom Geiste, eine objektive Seelenlehre, objektiv in dem Sinne, daß sie den Seelen, den personalen Gemeinschaften Inexistenz in den Formen der Raumzeitlichkeit zukommen läßt, hat es nie gegeben und wird es nie geben".

Daraus der frappierende Schluß, daß gerade die Psychologie „das radikale und eigentliche Problem des geistigen Lebens" verfehlen müsse. In der unserem modernen Denken so gängigen dualistischen Sicht, die in der Welt einen Bau von zwei sozusagen gleichberechtigten Realitätssphären, „Natur und Geist", sehen wolle, empfand Husserl jene fast unerträglich gewordene Unklarheit der methodischen und sachlichen Beziehung zwischen den Naturwissenschaften und Geisteswissenschaften, eine Orientierungslosigkeit im Grunde genommen, die auch uns heute noch Tag für Tag als unerträglich erscheinen muß.

Nicht von ungefähr war Edmund Husserl – gerade in diesem Alterswerk – über seine kritische Wendung zur Lebenswelt des Menschen auf jene Geschichte gestoßen, die wohl immer Geschichte des leibhaftigen Menschen ist. Über eine Art innerer „Selbstberatung" erst gelange man nach und nach an eine völlig neuartige, „in unserer philosophischen Gesamtlage notwendig gewordene Zielstellung und Methode der Philosophie". In dieser Frage nach Ausgang, Weg und Ziel sah Husserl nicht nur die Krise der Wissenschaften, sondern auch eine Krisis der menschlichen Subjektivität, unserer persönlichen Freiheit. Und so fragt er denn auch: „Was hat über Vernunft und Unvernunft, was hat über uns Menschen als Subjekte dieser Freiheit die Wissenschaft zu sagen? Die bloße Körperwissenschaft selbstverständlich nichts, sie abstrahiert ja von allem Subjektiven". Und wie steht es mit den Geisteswissenschaften oder den Seelenwissenschaften?

Und noch eine kurze, mehr persönliche Vorbemerkung sollte ich anführen. Im Dokument meiner Facharzt-Anerkennung (1960) steht zu lesen: „Facharzt für Nerven- und Gemütsleiden". Heute schreibt sich das so: „Facharzt für Neurologie und Psychiatrie", als wenn es dabei um Krankheiten der „Nerven" oder der „Seele" ginge, die man getrennt oder aber in ihrem gegenseitigen Verhältnis (als Psychosomatik) behandeln könne. Die Begriffsverwirrung zeigt sich im übrigen bereits in der heute noch gängigen Nomenklatur, in welcher Namen auftauchen, die ihre Bedeutung längst verloren haben.

So ist Psychiatrie als „Seelenheilkunde" weniger die Lehre von der Erkennung und Behandlung von „seelischen" Störungen als die von „Geisteskrankheiten". Wir sprechen von Psychosen, was eigentlich Seelenleiden meint, das also, was wir Neurosen nennen, was wiederum von „Neuron", dem Nerven abgeleitet wird, dessen Erkrankung aber weder eine Neurose noch eine Psychose ist, sondern eine körperliche Krankheit, eine Somatose. Und selbst die Psychopathen leiden nicht, wie das Wort sagt, an einer Psychose, sondern eher an ihrem verbogenen Charakter, wie es ja auch die Neurotiker nicht, wie das Wort meint, mit den Nerven zu tun haben, sondern mit abnormen Erlebnisreaktionen oder ähnlichem.

Heute spricht man weniger gern von „psyche" = Seele und sagt lieber „das Psychische". Lange Zeit hat man auch einfach von einer „Psychologie ohne Seele" gesprochen. Kein Wunder, daß Schopenhauer beim „Leib-Seele-Problem" von einem „Weltknoten" sprach, der nicht aufzulösen sei, daß Du Bois-Reymond (1872) sein „Ignorabimus" postulieren konnte. Wie konnte es dazu kommen ?

Dualistische Tendenzen der Neuzeit

Die Anthropologien der frühen Neuzeit erfuhren einen ersten säkularen Bruch durch den immer stärker dominierenden Einfluß neuplatonischer und hermetischer Konzepte. In seiner Programmschrift „De triplici vita" (1497) hatte Marsilius Ficinus bereits die leitenden Linien der neuen Anthropologie gesetzt, wenn er betont: Galen ist uns der Arzt des Leibes, Platon aber der der Seelen (f. 42 r: Galienus quidem corporum, Plato vero medicus animarum). Aristoteles und Avicenna stehen dabei als weitere Paten (f. 37 v: quod Aristoteles narrat, et Avicenna confirmat), die „Opera" (1561) des Ficinus bringen eine eigene „Oratio de laudibus Medicinae", in welcher zum Ausdruck kommt, daß keiner als „gesund" bezeichnet werden kann, der die heilsamen Lebensbedingungen mißachtet (780: Non est sanus, cui salubria displicent). Die letzte, die oberste Medizin aller Übel sei freilich die Weisheit (p. 803: sola malorum medicina est sapientia) – und diese ist rein geistiger Natur.

Und so heißt es in den „Sententiae" des Marsilius Ficinus denn auch klipp und klar: „Das Leben des Körpers ist die Seele, der Seele Leben Gott" (Vita corporis anima est, animae vita deus). Ausdrücklich beruft sich Ficino auf die hermetischen „aurea verba" des Pythagoras, der geboten hatte, den Leib möglichst zu mäßigen und zugunsten der höheren Aufgaben des Menschen klein zu halten.

Seinem Wesen nach sei der Mensch zweifach konstituiert: körperlich und unkörperlich. So sehr deutlich in einer „Expositio" bei Johannes Matthäus Ferrarius, seiner „Practica cum textu noni ad Almansorem Rasis" (1497)! Als ausgesprochen dichotomische Anthropologie ist auch des Alessandro Benedetti „Historia corporis humani" (1514) aufzufassen. Mit Platon erscheint hier der Leib lediglich als das zeitliche „Vehikel" der Seele (f. 5 r: corpus – ut inquit Plato – anime quasi vehiculum temporarium).

Mit Beginn des 16. Jahrhunderts setzt allgemein ein noch stärkerer Bruch ein, ein wirklicher „Abbruch der Tradition", und dies zu einer

Zeit, die man gefeiert hat als die „Entdeckung der Welt und des Menschen", während doch gerade hier die systematische Verdeckung des Leibes eingesetzt hat.

Die Umschichtung im Leib-Seele-Verhältnis wird bereits in einer Grundschrift deutlich, die erstmals das Wort „Anthropologie" in ihrem Titel führte. Es handelt sich um einen Traktat des Leipziger Anatomen Magnus Hundt mit dem Titel „Antropologium(!) de hominis dignitate, natura et proprietatibus" (1501). Das Werk gibt vor, eine Gesamtschau des Menschen zu bieten (libellum de homine toto), obschon hier sehr deutlich die dualistische Tendenz zum Ausdruck kommt, des Menschen „duplex natura", die gegliedert wird in Körper (corpus) und Geist (spiritus). Die geistige Komponente hat dabei offensichtlich den Vorrang; denn als „Bild Gottes" kann der Mensch nur in seiner seelischen Verfaßtheit gelten (homo est dei imago secundum animam).

Der Terminus technicus „Anthropologie" erscheint dann noch dezidierter bei Otho Casmann (1582-1607), einem Physiker und Theologen zu Stade. In seiner Anthropologie wird die Natur des Menschen von vornherein in zwei Bereiche aufgegliedert, in die Psychologie (psychologia anthropologica sive animae humanae doctrina, 1594) und in die Anatomie (Secunda pars anthropologiae, hoc est: fabrica humani corporis, 1598). Betont wird noch deutlicher die Differenzierung, wenn es heißt: Die Natur des Menschen besteht aus zwei Teilen, aus Geist und Körper (partes hominis duae sunt). Unter Anthropologie sei daher immer nur zweierlei zu verstehen, Seelenlehre und Körperlehre (Psychologia et Somatotomia). Seele und Leib existieren fortan als getrennte Wesenheiten; sie sind von nun an zu einem Problem geworden, das bis zum Tage keine verbindliche Lösung hat finden können.

Der „geistigen", einer „höheren" Verfassung des Menschen ist Casmann nochmals in einer weiteren Schrift nachgegangen, dem „Homo novus sive spiritualis" (1605). Zum ewigen Leben bestimmt wird hier nur der „geistige" Mensch, der „innere" Mensch (homo interior). Auf diesem Wege der Verinnerlichung hilft uns beständig die Gottheit, die hier als Vater und als Mutter angerufen wird (Hic tum ut Pater, tum ut Mater consideratur). Gott heißt daher auch „mater" (mater regenerationis nostrae); ist Gott doch gleichsam die Mutter unserer Wiedergeburt. Unser Gebet (Oratio ad Deum) habe sich daher immer an beide Teile der Gottheit zu richten: an den Vater, dessen Sohn ich bin (Pater meus es, ego filius tuus), wie auch an die Mutter, die mich im Schoß der Liebe empfangen (Mater mea es, amoris utero me concipisti). Alles wird in der Folge vergeistigt und verinnerlicht: Geruch, Gehör, Gesicht, das Tasten, auch die Libido. Der vergeistigte Mensch wird alsdann nach dem antiken Schema „De capite ad calcem" beschrieben, vom Kopf bis zum Fuß, hier allerdings nur bis zu Leber und Niere, wobei der Unterleib (pudenda) einfach als unehrenhaft (inhonesta) beiseite gelassen wird. Es konnte nicht ausbleiben, daß eine derart drastische Reduzierung und Parzellierung der Leiblichkeit Auswirkungen auch auf die moderne Philosophie und Medizin nehmen mußte.

Konzepte eines Seele-Leib-Dualismus

Die konsequenteste Reduzierung naturphilosophischer Konzepte auf den naturwissenschaftlichen Operationalismus aber erfolgte augenscheinlich bei René Descartes (1596-1650). Die Welt der Erscheinungen zerfällt auch in seinem System von vornherein in zwei Naturen, die als Körperwelt (res extensa) oder als bewußte Realität (res cogitans) beschrieben werden. In seinem Traktat „De homine" (1632) will Cartesius zunächst „den Körper für sich und danach auch die Seele ebenso für sich" beschreiben, um zu erklären, „wie diese beiden Naturen verbunden und vereint sein müssen".

Der Körper für sich erscheint dabei lediglich als ein ausgedehntes Naturding, als eine bloße Maschinerie (res extensa), die man so zu behandeln hätte wie „Uhren, kunstvolle Wasserspiele, Mühlen und andere ähnliche Maschinen". Descartes zeigt sich davon überzeugt, „daß die Funktionen in dieser Maschine alle von Natur aus allein aus der Disposition ihrer Organe hervorgehen, zumal sie nicht mehr und nicht weniger als die Bewegungen einer Uhr oder eines anderen Automaten von der Anordnung ihrer Gewichte und Räder abhängen".

Auch unser Organismus arbeitet wie eine Uhr und läßt sich dementsprechend nach rein technomorphen Prinzipien interpretieren. „Eine Uhr (so in „Principia" IV, 203), die aus diesen und jenen Rädern zusammengesetzt ist, um die Stunden anzuzeigen, ist nicht weniger natürlich wie ein Baum, der aus diesen und jenen Samen hervorgegangen ist, um bestimmte Früchte hervorzubringen". Was beide – und eben alles - verbindet, ist der methodische Zugang, das eben, was man das „Maschinenmodell" genannt hat, die Homogenität der „res extensa", die auch Medizin und Physik zu einer Einheitswissenschaft zu verbinden trachtet.

Die „Welt-Maschine" ist es, die das universelle System reguliert und damit auch den menschlichen Organismus integriert. Das System des 1628 entdeckten Blutkreislaufs etwa wirkt wie eine hydraulische Orgel, wo die Blasebälge die Lebensgeister durch die Röhrenanlage pumpen und dampfen lassen. Der Meister selbst sitzt in der Zirbeldrüse des Gehirns (Corpus pineale) und spielt als „denkende Substanz" (res cogitans) seine Lieder, wobei die Melodie der Weltenorgel bereits einprogrammiert ist. Der Weltautomat regiert somit die Körpermaschine in gesunden wie auch in kranken Tagen.

Das Bild von der „Orgel" war übrigens auch von Leonardo da Vinci (tr. 71 a) aufgegriffen worden, wenn er schreibt: „Die Seele wirkt im Körper wie der Wind, der die Orgel zum Klingen bringt. Doch wenn auch nur eine Orgelpfeife schadhaft wird, so ergibt sich wegen der Leere keine gute Wirkung".

Eine mehr triadische Differenzierung der menschlichen Natur vertrat Johannes Comenius in seiner „Synopsis" (1633), wo es heißt: Der Mensch besteht aus drei Teilen: Leib, Geist und Seele. Der Körper ist dabei nur das Gefäß des Geistes (p. 194: Corpus est Organon et habitaculum Spiritus). Vor der „Idea mundi" allerdings würden Welt und Mensch auch weiterhin nur verdüstert in Erscheinung treten, wobei der Mensch in seiner geistigen Natur allein den Zug zum göttlichen Licht (ad lumen divinum) in sich austrägt.

Im Zuge des neuzeitlichen Rationalismus war es Descartes gewesen, der wohl am schärfsten unterschieden hatte zwischen dem Körper und einer Seele. Das Seelische als „res cogitans“ stehe einer Welt an Körperlichkeit gegenüber, der „res extensa“, die in der Folge mit den Methoden der Mechanik und Hydraulik, der Physik und Chemie, ungemein konsequent und äußerst fruchtbar traktiert und manipuliert wurde. Descartes hatte damit auch dem praktischen Arzt einen therapeutischen Leitfaden gegeben, daß man nämlich im kranken Menschen nur eine Art von lädiertem Uhrwerk zu sehen und zu behandeln habe, „eine Maschine, die derartig aus Knochen, Nerven, Muskeln, Adern, Blut und Haut zusammengesetzt ist, daß sie auch ohne Geist funktionieren würde“.

Dieses erkenntnistheoretische Axiom erscheint uns heute derart absurd und war es wohl auch damals schon, daß es Gegenkonzepte auf den Plan rufen mußte. Hier schon – und nicht erst bei Freud – hat die Stunde des Unterbewußtseins geschlagen. Bereits Leibniz hatte in seiner Monadenlehre die prinzipiell verschiedenen Kausalreihen von „Seele“ und „Körper“ durchschaut und damit auch den methodischen Dualismus überwunden. Bei ihm „repräsentieren“ Leib und Seele lediglich einander: die Seele den Leib, der Leib seine Seele – eins nicht ohne das andere. „Wer von der Natur spricht (so auch Goethe), muß den Geist, wer vom Geist spricht, die Natur voraussetzen und im tiefsten mitverstehen“.

Gleichwohl fielen für Jahrhunderte noch die Konzeptionen weit auseinander. Wir finden strenge Materialisten ebenso wie extreme Spiritualisten, und zwischen beiden Fronten das bunte Lager eines psycho-physischen Parallelismus, der die beiden Systeme gleichsam kanalisiert, um dann jeden in seiner Röhre denken, handeln und behandeln zu lassen. Während der ganzen Aufklärung diskutiert, geht das Leib-Seele-Problem ungelöst über in die Romantische Medizin, ehe diese dann wieder – um die Mitte des 19. Jahrhunderts – abgelöst wird von der Medizin als einer angewandten Naturwissenschaft.

7. Der Leib im Zwielicht der Aufklärung

Mit dem 16. Jahrhundert war es schon sehr deutlich zu jenem „Abbruch der Tradition" gekommen, der sich dann mit dem Ausgang des 19. Jahrhunderts vollenden sollte. Als Hauptmerkmale lassen sich festhalten: An die Stelle der Leib-Seele-Einheit tritt der physio-psychische Dualismus. Neben der omnivalenten „Ars vivendi" entwickelt sich jene „Ars moriendi", die bereits im Verlauf des 16. Jahrhunderts zu einer eigenständigen Literaturgattung geführt hatte, der „Kunst des heilsamen Sterbens", die sich allein noch auf die Seele und deren Heil bezog.

Mit dem 17. Jahrhundert, im Übergang zur Aufklärung, scheint sich die Leib-Seele-Differenzierung allgemein durchgesetzt zu haben, allerdings mit höchst charakteristischen Varianten. Seit der Renaissance wurden die kosmologischen Konzepte des arabisierten Neuplatonismus immer systematischer ausgebaut, wobei der Mensch als weitgehend determiniertes Produkt der über die Gestirne wirkenden kosmischen Weltleitung verstanden wird.

So arbeitete Jakob Böhme (1575-1624) in seiner „Aurora" detaillierte Analogien zwischen dem Bau des Leibes und der Struktur der Welt heraus, die dann in eine trinitarische Mythologie hinein projiziert wurden, um das Einswerden mit der Gottheit zu erreichen. In seinem „Amphitheatrum sapientiae aeternae" (1609) behandelte Heinrich Khunrath die Makro- und Mikrokosmosidee als das Bindeglied zwischen der göttlichen Weisheit und den Möglichkeiten spagyrischer Techniken. Eine letzte komplette Leib-Seele-Theorie spiegelt sich in der „Monadologie" von Leibniz. Jede Monade, an sich fensterlos, spiegelt gleichwohl alle anderen wider und bildet so die Repräsentation einer prästabilierten Harmonie. Hier wird noch einmal die Struktur der so vielgliedrigen Welt vor dem Hintergrund einer göttlichen Allgegenwart zu reflektieren versucht. In der romantischen Naturphilosophie wird dann der Korrespondenzgedanke eher unter dem Idealbild einer „inneren Natur" herausgearbeitet. So betont Friedrich Schlegel, daß zur Charakteristik des Individuums die

Charakteristik des Universums gehöre. Für Novalis ist der Mensch die „Abbreviatur" des Kosmos, das Universum die „Elongatur" des Menschen, der auch als Kosmometer bezeichnet wird.

In seinem „Unterricht vom Leibe und natürlichen Leben des Menschen" (1705) geht auch Christian Friedrich Richter noch von der Seele als dem „führnehmsten und wichtigsten Theil" des Menschen aus, die jedoch nicht wirken umd empfinden könnte, wäre sie nicht „mit dem sichtbaren Leibe begabet". Die Glieder verhalten sich der Seele gegenüber nicht anders als die Werkzeuge in der Hand des Meisters. Gleichwohl wendet Richter sich energisch gegen die Descartsche Theorie von den rein mechanischen Bewegungen des Leibes. Nach ihm ist die Seele „mit einer Erkenntnis begabet, was zur Erhaltung des Leibes dienet"; was ihr nützlich ist, das „pfleget sie zu lieben und anzunehmen" (S. 40).

In die Diskussion rückt in all diesen Konzepten immer wieder auch die Frage nach der „Seele" der Tiere. Nach Descartes beruhen die Bewegungen der Tiere nicht auf Beseeltheit, sondern lediglich auf dem Fließen des Blutes (sanguinem esse illorum anima). Demgegenüber leugnete Spinoza nicht, daß die Tiere Empfindungen hätten: ihre Affekte jedoch seien mit den menschlichen nicht zu vergleichen. Auch Leibniz setzte eine Art Beseeltheit voraus. Das Vermögen zu denken (perceptio cum ratione conjuncta) sei indes allein dem Mensch vorbehalten.

Eine eigenständige Rolle spielte im Streit der „Mechanisten" mit den „Vitalisten" der Hallenser Kliniker Georg Ernst Stahl (1659-1734) mit seinem Hauptwerk „Theoria medica vera" (1708). Hiernach spielen sich im menschlichen Körper höchst dynamische Prozesse ab, die ihrer Form nach rein mechanischer Natur seien (so Blutbewegung oder auch Sekretion und Exkretion). Was uns bei solchen Bewegungen entgegentrete, sei jedoch, wie jede Art von Bewegung, unkörperlich, wobei Stahl keineswegs an eine „Substanz" denkt, sondern lediglich an ein Prinzip, wofür die verschiedensten Begriffe stehen wie „Natur, Anima, Physis, Vis vitalis, Vis plastica" oder einfach auch „Principium vitale". Von einer „Seelen-Idee" jedoch wollte er nicht sprechen. Stahl lag nichts an metaphysischen Spekulationen; es waren eher die konkreten Phänomene an der Leiblichkeit, die ihm ein immaterielles Lebensprinzip als erforderlich erscheinen ließen.

Unter der zunehmenden „Mechanisierung des Weltbildes" war der Mensch aber auch zum „Anthropometron" geworden, zum Richtmaß für die Welt. Unter der Ägide der iatrophysikalischen Denkweise, bei Alfonso Borelli (1685) etwa oder bei Theodor Craanen (1689), kam es zu einer ausgesprochenen „Physischen Anthropologie" (Ith, 1739). Hinzu traten neue empirisch ausgerichtete Forschungsrichtungen wie die Vergleichende Anthropometrie bei Johann Friedrich Blumenbach (1779) oder die Kraniologie und Kraniometrie (nach Carus und Gall).

Es ist zweifellos dieses mechanistische Denken einer Medizin als Körperwissenschaft, der wir die Errungenschaften der modernen Heiltechnik zu verdanken haben. Die Physiologie bediente sich einer immer exakter werdenden Morphologie und baute mit den Methoden der Physik und Chemie eine experimentell fundierte Funktionslehre auf. Die Pathologie wußte das immer stringenter werdende anatomische Denken zu verknüpfen mit einer immer feiner sich differenzierenden Zelltheorie, und sie schuf damit die Voraussetzung für die Erfolge der operativen Disziplinen.

Eine ausgesprochene „Philosophie des Leibes" hingegen entwickelte im Zwielicht der Aufklärung der Philosoph und Theologe Friedrich Christoph Oetinger (1702-1782), der bekundet: „Wir wissen gar nicht, was eine wahre Leiblichkeit ist. Von Plato kommt her, daß wir Corpus für eine Unvollkommenheit halten, aber die Heilige Schrift lehrt uns, daß Gott seine vollkommene Fülle im Leib darstellen wolle.....Leiblich-sein ist keine Erscheinung, sondern etwas Bleibendes". Oder an anderer Stelle – und immer wieder zitiert - : „Leiblichkeit ist das Ende der Werke Gottes" (Biblisches und emblematisches Wörterbuch (1776) 315).

Leiblich-sein ist nach Oetinger „ein reales Bild der Herrlichkeit Gottes". Alles Geistliche solle im Leiblichen seine „Subsistenz" haben. „Keine Seele, kein Geist kann ohne Leib erscheinen, keine geistliche Sache kann ohne Leib vollkommen werden. Alles, was geistlich ist, ist daher auch leiblich; darum will Gott selbst im Fleisch offenbar sein". Daraus sein Schluß und sein Credo: „Leiblichkeit ist das Ende der Werke Gottes".

Eine eigenständige Position in dieser zwielichtigen Situation finden wir bei dem Bonner Kliniker Christian Friedrich Nasse, der 1823 erstmals von einem „Organismus der Anthropologie" gesprochen hat. Gegenstand dieser Anthropologie ist der Mensch in jeder Gestalt seines Daseins, seine Natur wie seine historische Erscheinung, der leibhaftige Mensch, wie er ward, wie er ist, was er wird.

Die Physiologie der Menschennatur beginnt mit der Zeugung und begleitet die Entwicklung des Gezeugten. Jeder Teil will dabei für sich analysiert sein: die Welt des Kindes wie die des Greises, jedes Geschlecht für sich und jedes Temperament, das Wachsein wie das Schlafen. Alles erfordert vom Arzt eine gleiche schwebende Aufmerksamkeit, nicht zuletzt auch eine komplette „Physiologie und Psychologie des Todes", eine wissenschaftlich unterbaute Thanatologie.

Mit diesem biologischen Lebenskreis tritt nach Nasse ein weiteres Phänomen in den Horizont der Wissenschaft: „das Verhältnis des Menschen zum Menschen und das des Menschen zu allem anderen, womit er das Erdendasein teilt". Hier gelte es zu erforschen, wie Menschen aufeinander wirken, in ihrem Habitus, durch Gestik und Mimik, in der Sprache , mit ihrem Sexus, und wiederum je spezifisch nach Alter, Rasse, Temperament, nicht zuletzt - und so ungemein charakteristisch – gefärbt durch die Krankheit. Unmittelbar damit verknüpft seien die klimatischen Einflüsse von Licht und Luft, von Wasser und Wärme, ferner die Wirkung der Nahrungsmittel, das Arbeitsmilieu und der Affekthaushalt, eben jene Natur-Geschichte des

Menschen, die man als die „eigentliche Anthropologie" betrachten sollte.

Den wirklichen Menschen erfahren wir aber erst, wenn wir über Natur und Geschichte hinaus und durch alles „Seelenleben" hindurch nun auch den Menschen in seiner sozialen Verbindlichkeit finden. Deren Element aber ist für Nasse nicht die Arbeit, sondern die Sprache, und die Sprache entsteht auch nicht aus den Produktionsverhältnissen, sondern aus dem Geiste der Musik. Sprache ist nicht nur ein eminent soziologisches Grundmuster, sondern auch ein exzellentes leibhaftiges Medium, das dem Arzt bei allen Störungen entgegenkommt und somit eine komplette Pathologie und wiederum Physiologie zur Voraussetzung hat, Voraussetzung letztlich einer Therapeutik.

Nasse beschließt die „Aufgabe der Anthropologie" mit dem bekannten Ausspruch von Goethe, daß das eigentliche Studium des Menschen der Mensch sei. Leib und Seele bilden dabei ein Nicht-ohne-Verhältnis, insofern die Materie „nie ohne Geist, der Geist nie ohne Materie" sein kann. Oder mit einer anderen Goethe-Stelle: „Wem es nicht zu Kopf will, daß Geist und Materie, Seele und Körper, Gedanke und Anschauung......Wille und Bewegung die notwendigen Doppelingredienzien des Universums waren, sind und sein werden, die beide gleiche Rechte für sich fordern und deswegen beide zusammen wohl als Stellvertreter Gottes angesehen werden können- wer sich zu dieser Vorstellung nicht erheben kann, der hätte das Denken längst aufgeben und auf gemeinen Weltklatsch seine Tage verwenden sollen" (Goethe an Knebel, 8.4.1812).

Gegenstand der Heilkunde ist demnach nach Nasse immer nur der ganze Mensch: „das Offenste und doch wieder das Geheimnisvollste auf Erden". Für diese neue Menschenkunde sucht Nasse einen geeigneten Namen, der – über Aspekte wie „Psychophysiologie" oder „Somatopsychologie" hinaus – das Ganze menschlicher Leiblichkeit umfaßt, bis er schließlich dafür den Namen „Anthropologie" gefunden hat, „die Lehre von dem ganzen Sein und Leben des

Menschen" (1823). Was uns mit diesem „Organismus der Anthropologie" vor Augen gestellt wird, ist in seinen Ansätzen ein erstaunliches Vorspiel zu einer „Philosophie des Leibes". Der damals aufkommende, polemisch gesteuerte Gegensatz zwischen „Physikern" und „Psychikern", er hätte bei Friedrich Nasse keine Grundlage gefunden. Allzusehr bewegten sich die psychosomatischen Konzepte zwischen beiden Flügeln „Körper" und „Seelenleben". In der Mitte zwischen diesen beiden Flügeln begegnet uns die „Leiblichkeit".

Das Leib-Seele-Problem blieb in der Aufklärung und Romantik ungelöst, bei noch so erstaunlichen Einzelversuchen. So hatte der Hallenser Kliniker Johann Christian Reil in seinen „Rhapsodien" (1805) versucht, eine „psychische Curmethode" in Gang zu bringen, wobei er alle „Geisteszerrüttungen" als spezifische Störungen der „Dynamik des Gehirns" betrachtete oder auch als „gestörte Geschäfte der Seele".

Schon Pascal war der resoluten Meinung, daß der Mensch einfach nicht begreifen könne, „was der Körper ist, noch weniger, was Geist, und nichts weniger als wie der Körper mit dem Geist verbunden sein kann. Es ist der Gipfel der ihm entgegenstehenden Schwierigkeiten – und doch ist es sein eigenes Wesen". Es ist unser Wesen und zugleich unser Schicksal.

8. Novalis: „Einst ist alles Leib"

Was bei den Ärzten und Philosophen der Aufklärung und Romantik nur angedeutet werden konnte, tritt als ausgerundete vollblutige „Philosophie des Leibes" klar in Erscheinung bei Friedrich von Hardenberg, der sich später Novalis nannte. „Das wunderbare, das ewige Phänomen (so bekundet er eindeutig) ist das eigene Dasein. Das größeste Geheimnis ist der Mensch sich selbst" (II, 361), sein „Ich bin", was heißt: „mein Leib".

Zur Lebenserfahrung eines Menschen gehört denn auch für Novalis die ganz selbstverständliche, herzerquickende Freude am eigenen Leib-sein: „Gottlob, daß ich auf Erden bin und Leib und Seele habe; ich danke Gott in meinem Sinn für diese große Gabe" (I, 527). Das ist freilich alles andere als naive Fröhlichkeit am körperhaften Vergnügen, auch wenn es sogleich weiterheißt: „Der Leib ist mir doch herzlich lieb".

Seele und Leib als Einheit zählen für Novalis zur Natur im ganzen. Der Einklang mit dieser Natur ist uns allerdings verloren gegangen, weil wir die Signatur der Welt, die „heilige Hieroglyphe" aller Dinge, nicht mehr verstehen. „Der Sinn der Welt ist verlorengegangen. Wir sind beim Buchstaben stehengeblieben" (II, 594). Die Zeit ist nicht mehr, wo der Geist Gottes verständlich war.

Verständlich aber wird uns der Geist der Natur auch heute noch am ehesten an den kritischen Grenzsituationen des Daseins. „Jede Bedrängnis der Natur ist eine Erinnerung höherer Heimat, einer höhern, verwandteren Natur". Und noch deutlicher, eindringlicher: „Vergänglichkeit, Gebrechlichkeit ist der Charakter der mit Geist verbundenen Natur. Er zeugt von der Tätigkeit und Universalität, von der erhabnen Personalität des Geistes" (III, 658).

Erst von dieser seiner labilen Natur her versteht sich der Leib als Hülle der Vergänglichkeit. Das ist freilich nicht mehr der nackte, rein morphologisch zu interpretierende Körper, wie er zergliedert wird durch die Analytiker, die Anatomen, die „mit scharfen Messerschnitten den inneren Bau und die Verhältnisse der Glieder" erforschen. „Unter ihren Händen starb die freundliche Natur und ließ nur tote, zuckende Reste zurück" (I, 84).

Was uns hier als „Leib" erscheint, ist vielmehr Sinnbild für ein durch und durch organisches Weltbild. „Was ich verstehen soll (schreibt Novalis), muß sich in mir organisch entwickeln, und was ich zu lernen scheine, ist mir Nahrung, Inzitament des Geistes". Das gilt von jedem äußeren Organismus wie auch vom Leben des Leibes selbst: „Wenn Leben wirklich die höchste Substanz ist, so kann es nur durch die vollendete Bearbeitung aller einzelner physikalischer Glieder eine Erklärung hoffen". Noch aber liegt der größte Teil unseres Körpers brach. Wir sind noch längst nicht die Vertrauten unseres Leibes. In keiner Weise beherrschen wir ihn schon wie ein Instrument, das sich spielen läßt, mit dem man etwas gestalten kann - am leibhaftigen Organismus selbst zunächst und über den Leib dann auch an der Welt. Novalis spricht von einer „Philosopie des menschlichen Körpers", durch die wir ein „außerordentliches Licht" auch auf die Welt im Ganzen gewinnen könnten (III, 351).

Eine „Philosophie des Körpers"

Wenn bei Novalis von einer „Philosophie des Körpers" die Rede ist, dann sind – weit über alles anatomische Denken und alle morphologischen Strukturen hinaus - alle Bereiche der Leiblichkeit gemeint. Die uns vor Augen stehende durchorganisierte Leibhaftigkeit gilt zunächst als „heilige unerschöpfliche Hieroglyphe" (III, 566). Im Grunde gebe es nur einen „Tempel" in der Welt, „und das ist der menschliche Körper". Nichts ist heiliger als diese hohe Gestalt. Das Bücken vor Menschen ist „eine Huldigung dieser Offenbarung im Fleische" (III, 565). Man berührt geradezu den Himmel, „wenn man den Menschenleib betastet" (III, 566).

Und so liegt die wirkliche Seinsart des „Ich" nicht in meinem Inneren, meiner „Seele" und so, sondern zwischen dem anderen und mir selbst. In diesem Atmosphärischen zwischen Mensch und Mensch, im „Zwischen" also, haben wir genau das zu suchen, was das Wesen der Stimmung ausmacht, was der Welt eine Stimme gibt. „Stimmigkeit", das bedeutet hier, daß der Mensch im Einklang lebt mit sich und der Welt, in Harmonie mit einer Landschaft, im Frieden mit der Natur, im Einklang auch mit der Melodie seines eigenen Leibes.

Lufttiere sind wir nach Novalis und Lichtpflanzen. Mit Licht und Luft organisch verbunden erscheinen Boden und Wasser. „Daß unser Körper ein gebildeter Fluß ist, ist wohl nicht zu bezweifeln". Leben ist Atmen, ein höchst komplexer, äußerst kreativer Prozeß. Aber auch der so banale Assimilationsprozeß beim Essen und Trinken dient gleichsam als Symbol aller geistigen Zueignung und Aneignung, als ein Sinnbild wirklicher Einverleibung und Erfüllung, als stetige „Verwandlung des Fremden in ein Eignes", als jene „Zueignung", die angesprochen wird als „das unaufhörliche Geschäft des Geistes" (III, 646).

Eingebunden und eingeborgen in den kosmischen Rhythmus von Tag und Nacht werden wir durch das so erstaunliche Wechselspiel von Wachen und Schlafen. Vor allem der Tiefschlaf taucht uns ein in die Ätherräume von Licht und Luft. Ordentlich schlafen heißt „gleich munter" sein (II, 622), wach in dreifachen Stadien: „Wachen – Wachsein – Bewußtsein", mit einem Wort: Philosophieren (III, 672). Im Schlaf sind es vor allem die Träume, diese „freie Erholung der gebundenen Phantasie", die uns jung halten und auf Trab bringen. „Ohne die Träume würden wir gewiß früher alt" (I, 199).

Mit der Nutrition aufs engste verknüpft erscheint des weiteren die Sekretion als ein „Mittel, um manches los zu werden", erscheinen die „excreta et secreta" der Alten als das „unaufhörliche Absterben und Geborenwerden im lebendigen Körper" (III, 327). In dieser „Wechselsekretion" unseres innersekretorischen Stoffverkehrs erst kommen wir zu jenem wahrhaften Umgang mit der Natur, der uns allein zu einem Kulturwesen macht.

Hinzu treten schließlich alle die Leidenschaften und natürlich auch Freudenschaften – Heilmittel und Gifte zugleich. „Affekte sind Arzneien, man darf mit ihnen nicht spielen" (III, 560). Leidenschaftliche Menschen „fallen" daher auch, verfallen ihren Gemütsbewegungen, werden tiefsinnig und schwermütig. „Gemüt" repräsentiert für Novalis auch die „Harmonie aller Geisteskräfte" und damit die „innere Welt in ihrer Gesamtheit" (III, 650).

Man sollte sich dies alles einmal vor Augen stellen (auch wenn es uns im Grunde nie vollends augenscheinlich werden kann), was da alles im lebendigen Organismus in Sekundenschnelle abläuft an Signalen und Verbindungen, Strömungen und Impulsen, an Produktion und Reparaturen, und wie das dann doch wieder leibhaft in Erscheinung tritt und sich darstellt als Gleichmut oder auch Unmut, als Hochmut und Mißmut, als Demut auch und gelegentlich als Wehmut – mit einem Wort als unser „Gemüt" und seine Gemütsbewegungen, die bei Novalis zu einer „Gemütserregungskunst" werden sollten und damit zum Vehikel aller Lebensführung, zu einer „Philosophie des Lebens".

Wenn einem das auch nur einmal aufgegangen ist: Leib ist Leben, dann wird man auch deutlicher zu unterscheiden wissen zwischen Lebendigem und Totem, zwischen Organischem und Materiellem, zwischen den Dingen da draußen herum und dem, was innen ist.

Im Leib-Seele-Verhältnis

Der Gegensatz von Leib und Geist war für Friedrich von Hardenberg „einer der allermerkwürdigsten und gefährlichsten", wobei er nicht müde wurde, auf die „große historische Rolle dieses Gegensatzes" (III, 682) hinzuweisen. Dabei sind für ihn Leib und Seele in ihrer Wechselwirkung letztlich ein Nicht-ohne-Verhältnis; beide „animieren einander". Daher der Rat: „Man benutze die seelenvollsten Stunden zur Bildung und Animation des Körpers – und die gesunden Stunden zur Bildung und Korporation der Seele" (III, 379).

„Seele" ist für Novalis nie etwas anderes gewesen als „ein konsonierter Körper" (III, 369), als harmonisch im Leibe erklingendes Leben. Seele ist für ihn nichts anderes als „der Körper – philosophisch gesehen" (III, 404). Vielleicht versteht man nun auch etwas besser, warum Novalis „die sog. Psychologie" lediglich zu den „Larven" zählen wollte, welche „die Stellen im Heiligtum eingenommen haben, wo echte Götterbilder stehen sollten" (III, 574).

Leib und Geist, das seien doch nur die gröberen oder feineren Sinnesorgane, um die beiden Welten – das innere „Lichtreich" wie die äußere „Schattenwelt" – in deutlichere und deutbare Erfahrung zu bringen. Beide sind „integrante Hälften" eines in sich kompensierenden Ganzen. Will doch alle Natur Geist werden. Der Geist als solcher soll „ins Fleisch kommen". Der Geist haust jetzt nicht mehr wie ein Fremdling im Leibe. Der Körper ist nicht mehr der Kerker der Seele. Der Mensch fühlt vielmehr die gesamte Natur wie seinen eigenen Leib. Der Leib ist jener Teil der Natur, der dem Geiste am meisten verwandt ist.

Ziel dieser „durchgeisteten Natur" (Goethe) ist jene „Lebensordnungslehre", die über die „Lebenskunstlehre" gebildet wird aus der „Lebensnaturlehre". Enthält doch die Lebensordnungslehre im Grunde schon die „Konstitutions-Bildung und –Verbesserung" (III, 315). Wir vermögen diesen unseren Leib nach und nach auszubilden zu einem „allfähigen Organ". Daraus der Schluß: „Der Körper ist das Werkzeug zur Bildung und Modifikation der Welt" (II, 587). Die Menschen sollten daher lernen, sich ihrer leibhaftigen Situation bewußt zu werden und dieses unerschöpfliche Brachland „Leib" zu beackern und zu kultivieren.

Aus diesem seinem programmatischen Ansatz heraus entfaltet Hardenberg nun eine grandiose Kategorientafel leibhaftiger Kultivierung mit einer ganzen Hierarchie von Gesundheiten, um aus der „rohen Gesundheit" über die „konsonierte" eine „gebildete Gesundheit" zu machen (III, 304). Und so müßten eigentlich alle Menschen – „der allgemeinen Forderung der Vernunft zufolge – Ärzte und Dichter sein" (II, 502), die Bildner ihres Leibes und unseres Lebens.

Novalis wird mehr und mehr mit dem Gedanken vertraut, daß wir die Welt nur verstehen, „wenn wir uns selbst verstehn, weil wir und sie integrante Hälften sind" (II, 548). Und noch deutlicher – wieder an Goethe erinnernd: „Der Mensch ist überhaupt so viel als Universum" (III, 471). Mit dem Leibe erst haben wir die Welt ganz. „Unser Körper ist ein Teil der Welt" und damit ein organisches Glied, dem das Ganze entsprechen muß.

Der Leib wäre demnach so etwas wie „Abbreviatur" des Universums, das All hingegen „Elongatur", jeweils derselben Substanz (II, 651). Mensch und Welt stehen in einer durchgehenden Korrespondenz und kommen zu einer Konkordanz. „Zur Welt suchen wir den Entwurf" und „dieser Entwurf sind wir selbst" (II, 541). Die Welt hat ihr Maß, und wir haben es auch: „Kosmometer sind wir ebenfalls" (II, 594). An unserem Leibe mißt sich die Welt!

Bei näherer Analyse erscheint unser Körper als „ein Teil der Welt" (II, 650). Woraus Novalis den kühnen Schluß zieht: „durch die Modifikation meines Körpers modifiziere ich mir meine Welt" (II, 651). Natur soll Geist, Geist soll Natur werden. Zueignung der Welt da draußen, Einverleibung ins Innere und Eigene, das sei das unaufhörliche Geschäft des Geistes. Vom leibhaftigen Zentrum muß dabei ausgegangen werden, will man das All finden, wie sich auch alles wiederum inkorporieren will in diesen universellen Leib. „Ein Mensch, der Geist wird, ist zugleich ein Geist, der Körper wird" (III, 62). Als irdische Wesen streben wir nach geistiger Ausbildung, als geistige Wesen streben wir nach Verleiblichung, „nach Körper überhaupt" (III, 62).

Der Mensch – „aus Leib und Geist zusammengesetzt" (II, 227) – solle daher sehr bewußt seinen Körper als „Werkzeug zur Bildung und Modifikation der Welt" auffassen. Ist er doch das Medium der Verwandlung. „Auf die Welt soll und will ich im Ganzen, nicht willkürlich wirken – dafür habe ich den Körper". So wenig daher die Seele vom Leibe getrennt werden kann, so wenig der Leib auch von der Welt. Und wie man von einer Leib-Seele-Einheit spricht, so müßte man auch von einer „Leib-Umwelt-Lehre" sprechen. Des Menschen Leiblichkeit hat in der Welt gleichsam verschiedene Zonen, Schalen oder Dimensionen. „Sein Leib ist die nächste, was ihn zunächst umgibt, die zweite seine Stadt, und Provinz die dritte". Und so geht es fort „bis zur Sonne und ihrem System". Unserem eigenen Ich – der „innigsten Zone" des Lebendigen – steht somit unmittelbar „die Welt entgegen" (III, 370). Der Leib ist Symbol für die Welt.

Über unsere gebrechliche Natur erziehen wir zeitlebens eine ganze mitverwandte Welt, die nach und nach immer moralischer werden soll. „Wir sind auf einer Mission. Zur Bildung der Erde sind wir berufen" (II, 426). Daher immer wieder: Die Natur soll „moralisch" werden (II, 250). „Wir sind ihre Erzieher, ihre moralischen Tangenten, ihre moralischen Reize" (III, 252). Und so repräsentieren wir uns selbst in unserer leiblichen Gebrechlichkeit als höchst kostbare „Zeit-Naturen", die – wie der Wein - desto köstlicher werden, je älter sie wurden. „Sie werden öliger", sagt Novalis (III, 271), reifen in der Vergeistigung ihrer Erfahrung, als jenes Öl im Körper des Leibes, in dem das Leben brennt, um sich geistig zu verzehren. Alle Natur will ja Kultur. „Alles zu beleben, ist der Zweck des Lebens" (II, 560). Der elende Leib, von dessen Gebrechlichkeit wir zeitlebens künden, er ist zum Organ des Geistes geworden. Die universale Inkarnation, sie geht ihrer Vollendung entgegen, einer leibhaft verklärten Welt!

Einst wird alles Leib sein

Von der geheimnisvollen Natur des Leibes ausgehend gelangen wir über alle Hüllen der Vergänglichkeit in jenes Medium der Verwandlung, die ohne Ende scheint. Verwandlung ist Verklärung des

Leibes. Bereits die „körperliche Aneignung" war für Novalis „geheimnisvoll genug, um ein schönes Bild der geistigen Nahrung" zu sein (II, 620). Und – so fragt er weiter -: „Sind denn Blut und Fleisch in der Tat etwas so Widriges und Unedles? Wahrlich, hier ist mehr als Gold und Diamant, und die Zeit ist nicht mehr fern, wo man höhere Begriffe vom organischen Körper haben wird" (II, 173). Wer auch schon weiß, „welches erhabene Symbol das Blut ist! Gerade das Widrige der organischen Bestandteile läßt auf etwas sehr Erhabnes in ihnen schließen. Wir schaudern vor ihm wie vor Gespenstern und ahnden mit kindlichem Grausen in diesem sonderbaren Gemisch eine geheimnisvolle Welt" (II, 621).

Vielleicht sei ja auch die Zeit nicht mehr fern, wo man Fleisch und Blut in geistiger Weise wahrhaft werde genießen können (II, 620). Nur so verstehen wir auch den tiefsinnigen Vers aus der Abendmahls-Hymne, wo es heißt: „Wer hat des irdischen Leibes hohen Sinn erraten? Wer kann sagen, daß er das Blut versteht? Einst ist alles Leib, ein Leib, in himmlischem Blute schwimmt das selige Paar. – O! daß das Weltmeer davon errötete und in duftiges Fleisch aufquölle der Fels!" (I, 167).

Dieses so geheimnisvoll verklärte Leben kann auch bei Friedrich von Hardenberg nur angedeutet werden, wenngleich in aufleuchtenden Bildern und leibhaftigen Figuren. Ist doch der Heiland uns leibhaft sichtbar geworden, wird „als Brot und Wein verzehrt, als Geliebte umarmt, als Luft geatmet, als Wort und Gesang vernommen und mit himmlischer Wollust, als Tod, unter den höchsten Schmerzen der Liebe, in das Innre des verbrausenden Leibes aufgenommen" (III, 520).

Aber nur, „wem das Auge aufging", der „wird essen von seinem Leibe und trinken von seinem Blute". Und dann hebt wiederum das Geheimnis selber an (I, 167): „Wer hat des irdischen Leibes hohen Sinn erraten? Wer kann sagen, daß er das Blut versteht? Einst ist alles Leib, Ein Leib!"

9. Goethe: „Im Innern ist ein Universum auch"

Seine erstaunlich detaillierten Studien zur Körperwelt - zur Morphologie und Physiologie – waren es, die Goethe nach und nach zu seinen anthropologischen Einsichten geführt haben, nachgerade auch zu einer eigenständigen, einer höchst eigenwilligen – wenn auch nie ausformulierten – Philosophie des Leibes.

Des Menschen Leib war ihm, dem Dichterdenker, eine kleine Welt und damit ein Universum. Die Einsicht, „wie der Mensch dergestalt gebaut sei, daß er so viele Eigenschaften und Naturen in sich vereinige und dadurch auch physisch als kleine Welt, als ein Repräsentant der übrigen Tiergattung existiere", diese Einsicht gewinne man – so im „Entwurf einer allgemeinen Einleitung in die vergleichende Anatomie" (1798) – nur dann, „wenn wir von unten herauf anfangen und das einfachste Tier im zusammengesetzten Menschen endlich wieder entdecken" (S II. 8,66). Immer geht es bei diesen morphologischen Untersuchungen und Vergleichen um die alte Frage, wie wir wohl die Welt um uns als eine Welt an sich verwandeln könnten in eine Welt für uns. Ist es doch dieser Weltstoff, dieses „im Innern ist ein Universum auch" (1, 410), in dem sich das Ich spiegelt und auszudeuten versucht. Jedes Wesen – folgert Goethe daraus – hat und wird haben „immer seinen eigenen Leib und seinen eigenen Sinn" (17,447).

Wie sehr der junge Goethe bereits von der Allgegenwart dieser Leiblichkeit durchdrungen und geprägt war, zeigt seine trotzige Bemerkung Lavater gegenüber (1774): „Du forderst ein wunderlich Ding: Ich soll schreiben, wenn ich nicht fühle, soll Milch geben, ohne geboren zu haben". Bis ins hohe Alter blieb Goethe von dem Schwergewicht der Leiblichkeit, ja Last des Leibes, durchdrungen, so wenn er – 1830 Zelter gegenüber – klagt: „Des Konkreten liegt mir soviel auf , daß es meine Schultern und Kniee kaum fortschleppen". Gleichwohl weiß er den Rat zu geben – so sehr energisch in einem Schreiben an Leopoldine Grustner (1827) -: „So sag ich noch: daß der Geist des Wirklichen eigentlich das wahre Ideelle ist. Das unmittelbar sichtlich Sinnliche dürfen wir nicht verschmähen, sonst fahren wir ohne Ballast".

An Friedrich Schiller vor allem hat Goethe sich warnend zu wenden gewußt (6.9.1798), wenn er schreibt: Und möge auch „der Idealist gegen die Dinge sich wehren, wie er will, er stößt doch, ehe er sichs versieht, an die Dinge außer ihm". Und wenig später: Die „Versicherung, daß alles körperlich sei", die sollten wir uns doch beide zu Herzen nehmen! Zu Herzen genommen hat Schiller sich dies zweifellos, so wenn er Goethe gegenüber bekennt: „Es ist hohe Zeit, daß ich für eine Weile die philosophische Bude schließe, das Herz schmachtet nach einem betastlichen Objekt".

Um das Mysterium eines solchen betastlichen Objektes, wie es uns etwa mit der Haut gegeben ist, hat Goethe gewußt, und er hat zeit seines Lebens die schaffende Lebenskraft hinter dieser Hülle aufzuspüren gesucht. „Die ganze Lebenstätigkeit (heißt es in den Schriften „Zur Morphologie") verlangt eine Hülle, die gegen das äußere rohe Element, es sei Wasser oder Luft oder Licht, sie schütze, ihr zartes Wesen bewahre, damit sie das, was ihrem Inneren spezifisch obliegt, vollbringe". Alles, was lebendig wirken soll, müsse eingehüllt sein. Alle diese Rinden und Häute aber, sie seien dann doch wieder nur „ewig sich absondernde, abgestoßene, dem Unleben hingegebene Hüllen, hinter denen immer neue Hüllen sich bilden, unter welchen sodann, oberflächlicher oder tiefer, das Leben sein schaffendes Gewebe hervorbringt" (17,18), Gestalten eben und Gestaltung des Leibes, die Goethe so sehr am Herzen lag und auf die er immer wieder zurückkam.

Gestalt und Gestaltung des Leibes

„Der Deutsche (schreibt Goethe) hat für den Komplex eines wirklichen Wesens das Wort Gestalt". Eine solche Gestalt aber, sie sei nichts „Bestehendes", sondern in „steter Bewegung" und ständiger Umbildung. Bei seinen „Botanischen Studien" bereits entdeckte Goethe in allen Pflanzenformen „eine glückliche Mobilität und

Biegsamkeit", die er dann auch in höheren Lebewesen wachsen und zur Blüte kommen sah. Beweglich und bildsam zugleich führt uns die Natur ihre Erscheinungen vor Augen. Und so ist der Lebenslauf der Geschöpfe nichts als ein ständiges Umbilden – „mit Augen zu sehen und mit Händen zu greifen" (S II. 6,17).

Die Gestalt ist somit in jeder ihrer Formen „ein Bewegliches, ein Werdendes, ein Vergehendes. Gestaltenlehre ist Verwandlungslehre. Die Lehre der Metamorphose ist der Schlüssel zu allen Zeichen der Natur" (17, 415). Denn alles, angefangen von den ersten Elementen, will sich uns „andeuten und zeigen". Und so ist der Mensch – so 1784 an Knebel – „Mensch so gut durch die Gestalt und Natur seiner oberen Kinnlade als durch Gestalt und Natur des letzten Gliedes seiner kleinen Zehe", der kleinen Zehe eben, von der wir ja so selten denken, sie sei auch so etwas wie „mein Leib"!

Wie sollte es auch anders sein – folgert Goethe - „da wir ja keine geistige Wirkung ohne körperliche Unterlage gewahr werden" (14,353), keine seelische Äußerung ohne leibliche Vermittlung. Die Sinne seien hier, wenngleich sehr verschieden, die großen Vermittler: „Das Ohr ist stumm, der Mund ist taub, aber das Auge vernimmt und spricht. In ihm spiegelt sich von außen die Welt, von innen der Mensch" (15, 951).

Bewundernd stellt Goethe sich die großen Zeichen, die tragenden Systeme des Leibes vor Augen: das empfangende Haupt, die bewegende Brust, den nährenden Unterleib (17, 423), alles das und bis hin auf Haut und Haare und allüberall „Überfluß andeutend" (17, 429). Anatomie und Physiologie sind dem Naturforscher Goethe stets eine Einheit geblieben. „Die Morphologie soll die Lehre von der Gestalt, der Bildung und Umbildung der organischen Körper enthalten" (17, 115). Morphologie ruht einfach auf der Überzeugung, „daß alles was sei, sich auch andeuten und zeigen müsse". Und sogleich – sehr energisch – weiter: „Von den ersten physischen und chemischen Elementen an bis zur geistigsten Äußerung des Menschen lassen wir diesen Grundsatz gelten" (17,415).

Morphologie ist einfach Gestalt- und Verwandlungslehre im „unorganischen, vegetativen, animalen und menschlichen" Bereich. „So notwendig bestimmt jeder Körper seine Natur" (17, 447).

Wenn aber Goethe - nach einer seiner Maximen – „Gott in der Natur, die Natur in Gott zu sehen" trachtet, dann nannte er diese „Vorstellungsart" geradezu den „Grund meiner ganzen Existenz" (S I. 36,72). Wie interessant kann uns unter diesem Aspekt dann „das Werk seiner Hände" werden, wie ist uns „der Atem seines Mundes" belebend geworden (7, 448). Dem Einzelnen möge dabei die Freiheit bleiben, „sich mit dem zu beschäftigen, was ihn anzieht, was ihm Freude macht, was ihm nützlich deucht; aber das eigentliche Studium der Menschheit ist der Mensch" (9, 196). Und so könne man sich auch bei der Betrachtung des Weltgebäudes nicht der Vorstellung erwehren, daß dem Ganzen „eine Idee zum Grunde liege, wonach Gott in der Natur, die Natur in Gott von Ewigkeit zu Ewigkeit schaffen und wirken möge" (16, 872). Diese Idee aber, sie manifestiere sich letztlich im Menschen und an seinem Leibe.

Diese an sich so normale und so ganz und gar gesunde Weltbezogenheit ist für Goethe denn auch kein Wunder. Denn „der Mensch ist ein wahrer Narziß; er bespiegelt sich überall gern selber; er legt sich als Folie der ganzen Welt unter" (9,39). Und dies sicherlich zurecht; denn die Natur bildet den Menschen wie auch er sie wieder umbildet, „und diese Umbildung ist doch wieder natürlich. Er, der sich in die große weite Welt gesetzt sieht, umzäumt, ummauert sich eine kleine Welt und staffiert sie aus nach seinem Bilde" (17, 439). Erfahrungen dieser Art werden dem Menschen gleichsam angetragen und einverleibt. Denn „der Mensch kennt nur sich selbst, sofern er die Welt kennt, die er nur in sich und sich nur in ihr gewahr wird. Jeder Gegenstand, wohl beschaut, schließt ein neues Organ in uns auf" (16,880).

Der Leib – eine Synthese von Welt und Geist

Im Rahmen dieser Weltanschauung wird der Leib des gesunden Menschen zu Maß und Mitte alles Seins, des Menschen Leiblichkeit als eine einmalige, nie zu Ende zu bewundernde „Synthese von Welt und Geist" (9, 572)! Ist doch der leibhaftige Mensch die Mitte aller Erscheinungen; er allein bietet das Maß für alle nur möglichen Weltverhältnisse. Dies liegt wohl im Wesen des Menschen; es scheint ihm schon von Natur aus gegeben, „sich als Mittelpunkt der Welt zu betrachten, weil doch alle Radien von seinem Bewußtsein ausgehen und dahin wieder zurückkehren" (S II. 11, 87).

Welt und Mensch erscheinen im Leibe als ein in sich geschlossener organischer Zusammenhang. „Der Mensch ist als wirklich in die Mitte einer wirklichen Welt gesetzt und mit solchen Organen begabt, daß er das Wirkliche und nebenbei das Mögliche erkennen und hervorbringen kann". Und so hätten denn auch alle gesunden Menschen „die Überzeugung ihres Daseins und eines Daseienden um sie her" (9, 526), einer Mitwelt auch, um die sie sich dann auch zu kümmern hätten. Seinen leidenden Freund Trapp konnte Goethe (1770) geradezu leidenschaftlich beschwören: „Ich bitte Sie, sorgen Sie doch für diesen Leib mit anhaltender Treue. Die Seele muß nun einmal durch diese Augen schauen, und wenn sie trüb sind, so ist´s in der ganzen Welt Regenwetter".

Der leibhaftige Mensch in seiner physiologischen Organisation war es, der dem Naturforscher Goethe bei seinen Studien über die „Physik des Menschen" jeweils neu vor Augen trat, wahrhaft noch „logos" von „physis". Das Studium der Menschengestalt wird ihm denn auch (so 1788 aus Rom) „das non plus ultra alles menschlichen Wissens und Tuns". Das Studium des menschlichen Körpers habe ihn „nun ganz", kann er aus Rom schreiben: „Alles andre verschwindet dagegen". Es ist der menschliche Leib, der ihm hier in seiner ganzen Realität begegnet, bedürftig des Umgangs mit seinesgleichen und fähig zur Kultivierung. Das Lösungswort, es scheint jetzt gefallen: „Die menschliche Gestalt tritt in alle ihre Rechte, und das übrige fällt mir wie Lumpen vom Leibe: Ich habe das Prinzip gefunden, das sich wie ein Ariadnischer Faden durch die Labyrinthe der Menschenbildung durchführen wird" (25.8.1787 an Frau v. Stein).

Der Leib – ganz und gar „durchgeistete Natur" - tritt in einen höchst lebendigen Dialog mit der Welt. Das kann nicht anders sein; denn wie jedes Lebewesen „gegen sich selbst einen Bezug" hat, so muß es auch „gegen andere ein Verhältnis" haben (9,41).

Im Dialog mit dem Leibe

In seinem Wechselgesang „Die Weisen und die Leute", in welchem dem Volke „derb der Text" gelesen werden soll, fragen die Leute: „Haust wirklich eine Seele in mir?" – und des Weisen Antwort: „Das artige Wesen, das, entzückt, sich selbst und andre gern beglückt, das möcht ich Seele nennen". Und weiter fragen die Leute: „Liegt auch bei Nacht der Schlaf auf ihr", der Seele also? Und wieder die Antwort, die umschreibt, daß und warum sich die Seele nicht vom Leibe trennen lasse, wobei wie selbstverständlich betont wird: „Es kommt auf dich, du Körper, an! Hast du dir leiblich wohlgetan, wird sie erquicklich ruhen" (1, 531).

Es ist die poetische Natur des eigenen Leibes, die Goethe einfach ansprechen mußte und zu ständiger Auseinandersetzung anhalten konnte, zu einem ständigen Gespräch führen sollte mit dem eigenen Leib. Sie ist zu einem tragenden Thema geworden, wenn es um so ganz konkrete Wegweiser wie die der alltäglichen Lebensführung ging.

Beim bewußten Umgang mit seinem eigenen Leibe schon könne man erfahren, daß etwa das Abhärten gegen die Witterung eigentlich nichts anderes sei als (so im Mai 1777 an Frau v. Stein) „seinen Körper allen mannigfaltigen Veränderungen mitfühlend zu machen" (18, 359). Bei solchem Umgang werde man einfach sensibler und aufgeschlossener. Auf Umwegen erst gelange man zum vollen Leben, zur Kunst auch zu leben. Ein großer Fehler aller bisherigen

Naturforschung sei gewesen, „ein kompliziertes Phänomen als solches" erklären zu wollen; zu viele Zwischenglieder seien einfach vorauszusetzen.

Am eigenen Leibe versucht Goethe die „produktivmachenden Kräfte" zu verstehen. Sie lägen „in der Ruhe wie im Schlaf; sie liegen auch in der Bewegung. Es liegen solche Kräfte im Wasser und ganz besonders in der Atmosphäre". Alles hängt ja mit allem zusammen und bildet das Fluidum unseres Lebens. Denn „was nicht eine wahre innere Existenz hat, hat kein Leben und kann nicht lebendig gemacht werden" (S III. 1, 327). Bei all seinen so leibhaftigen Bedürfnissen aber gehöre der Mensch – wie Goethe 1831 an Zelter schreibt – einfach „mit zur Natur, und er ist es, der die zartesten Bezüge der sämtlichen elementaren Erscheinungen in sich aufnehmen, zu regeln und zu modifizieren weiß".

Die zarte Regelung in der Aufnahme und Abgabe des Elementaren, das ist denn auch das Prinzip aller Ökonomik und nicht zuletzt der Diätetik. Goethe schreibt aus Rom, er lebe „diät", damit die Dinge möglichst rein auf ihn wirken könnten. Die ganze Last des Alltags, auch die alltägliche Belästigung durch die banalen Lebensbedingungen, alles das müsse anerkannt und toleriert werden, um fruchtbar zu wirken. „Mit entschiedener Diät und Fassung" will auch der kranke Goethe sich noch „einigermaßen brauchbar" erhalten. „Da ich sehr diät lebe, wird der Gang nicht gestört, und ich muß noch herauskriegen, in welcher Zeit und Ordnung ich mich um mich selbst bewege".

Zur Diätetik des Alltags gehören neben Speise und Trank ganz selbstverständlich die Regulierungsfaktoren von Bewegung und Ruhe. Wie leibhaft lebendig erscheint hier „des Wanderers Gang über Feld", wenn wir lesen: „Der aufgehobene Fuß sinkt nieder, der zurückgebliebene strebt vorwärts und fällt, und immer so fort vom Ausgehen bis zum Ankommen"! Auf eine regelmäßige Wiederkehr aller alltäglichen Dinge sieht Goethe alles Behagen am leibhaften Leben gegründet: „Der Wechsel von Tag und Nacht, der Jahreszeiten, der Blüten und Früchte, und was uns sonst von Epoche zu Epoche entgegentritt, damit wir es genießen können und sollen, diese sind die eigentlichen Triebfedern des irdischen Lebens. Je offener wir für diese Genüsse sind, desto glücklicher fühlen wir uns".

In allen Phasen seines Lebens hat Goethe von den „Geheimnissen des Lebenspfades" gesprochen, die es zu kennen und zu lenken gilt. Leben selbst galt ihm als Gottesgeschenk, eine Gabe freilich, die wir zu bilden und zu kultivieren haben.

Und so nimmt es uns nicht wunder, daß auch Goethe, der große Lebemeister, zu allen Bereichen der Hygiene und Diätetik ausführlich Stellung genommen hat, zum Umgang mit der Natur wie zur Kultur von Speise und Trank, zum Rhythmus von Einsatz und Erholung ebenso wie zum Wechsel von Wachen und Schlafen, zum Haushalt des Stoffwechsels wie auch zu den Leidenschaften. Sie hängen alle miteinander zusammen; sie stehen in einem Ensemble. Sie bilden im Verbund erst die Muster einer nun wirklich ganzheitlich stilisierten Lebensweise.

Während die meisten Menschen aber sich von der Lebenskunst – so Goethe – „nur so ein Hausmittel zum Wohlbefinden, Rezepte zum Reichtum und zu jeder Art von Glückseligkeit" versprechen, war es ihm immer nur zu tun um „die Bildung", Bildung des Leibes eben. Bildung bleibt die leitende Idee auf den oft so verworrenen Wegen; sie wird zur Kunst der Lebensführung, der Kunst, ein Leben zu meistern, zur Lebens-Ordnung zu kommen. Diätetik war für Goethe stets Kultur des Leibes, eine Kultivierung, über die er (in „Diderots Versuch über die Malerei") vermerkt: „Und so gibt der Künstler, dankbar gegen die Natur, die auch ihn hervorbrachte, ihr eine zweite Natur, aber eine gefühlte, eine gedachte, eine menschlich vollendete zurück".

„Architektonik im höchsten Sinne" nannte Goethe „diejenige ausübende Kraft, welche erschafft, konstruiert", leibhaftig zu gestalten vermag. All sein Wirken wollte auch er nur „symbolisch" verstanden wissen und so sei es ihm allezeit „ziemlich gleichgültig gewesen, ob ich Töpfe machte oder Schüsseln“ (1824 zu Eckermann). Die Realität des alltäglichen Lebens, sie sollte ihm zum Gleichnis werden. Das Ich wird zum Symbol für Geist und Welt. Das „Allernächste“ konnte ihm dabei das „Lebendigste“ bleiben (16, 883). Und so kann Goethe von Herzen bekennen: „Im Innern ist ein Universum auch“.

10. Nietzsche: „Am Leitfaden des Leibes"

In seiner Vorrede zur „Fröhlichen Wissenschaft" ist Friedrich Nietzsche (1844-1900) von einem der faszinierendsten Probleme in der Geistesgeschichte ausgegangen, von der Frage nämlich nach dem „Verhältnis von Gesundheit und Philosophie". Und oft genug hat sich vor allem der kranke Nietzsche die Frage stellen müssen, „ob nicht, im großen gerechnet, Philosophie bisher überhaupt nur eine Auslegung des Leibes und ein Mißverständnis des Leibes gewesen ist" (II, 11).

Die ganze große, die göttliche Philosophie, sie ist und sie war nie etwas anderes gewesen als ein Mißverständnis des Leibes! Diese so scharfe wie treffende Bemerkung ist bisher gleichwohl weder von den Philosophen noch Wissenschaftshistorikern aufgegriffen worden, was umso unverständlicher ist, als Nietzsche nicht nur eine Kritik geben wollte an einer ebenso gequälten wie verfehlten „Geschichte des Leibes", sondern auch selber – „am Leitfaden des Leibes" – eine komplette Architektonik des Menschen dargeboten hat, den Leib des Menschen eben in und mit seiner Welt, als seine Welt, als „Kosmos Anthropos".

Daß Nietzsche mit diesem seinem Kosmos freilich in einer weitverzweigten Überlieferungslandschaft stand, ist ihm und seinen Zeitgenossen kaum bewußt geworden. Zu sehr hatte das Zeitalter des anatomischen Gedankens – von Vesal über Harvey zu Morgagni und Virchow – alle Weltphänomene auf naturwissenschaftliche Modellvorstellungen reduziert, um aus der Medizin so etwas zu machen, wie die gänzlich vom Leib entblößte „Technik der Biologie".

Das war Nietzsche bei seinen eigenwilligen Ansätzen zu einer Leib-Philosophie immerhin klar geworden: „Der Mensch kannte sich nicht physiologisch, die ganze Kette der Jahrtausende entlang: er kennt sich auch heute noch nicht" (III, 710). Die prinzipielle Verkennung des Leibes aber, das sei „der kostspieligste Luxus, den sich der Mensch gestatten kann: und wenn der Irrtum gar ein physiologischer ist, dann wird es lebensgefährlich" (III, 831). Als ein besonders eklatantes Verbrechen an der Leiblichkeit wird die Verachtung der Geschlechtlichkeit attackiert und als „die eigentliche Sünde wider den heiligen Geist" (II, 1106) gebrandmarkt. „Daß man die allerersten Instinkte des Lebens verachten lehrte; daß man eine Seele, einen Geist erlog, um den Leib zuschanden zu machen; daß man in der Voraussetzung des Lebens, in der Geschlechtlichkeit, etwas Unreines empfinden lehrte" - das erschien Nietzsche als unerhört (II, 1157)!

Angesichts einer solchen Verkennung und Mißachtung des Leibes aber sei es ganz „entscheidend für das Los der Menschheit, daß man die Kultur an der rechten Stelle beginnt. Die rechte Stelle ist der Leib, die Gebärde, die Physiologie, der Rest folgt daraus" (II, 1023). Was vor allem aber daraus zu folgen hätte, das wäre die selbstverständliche „Vorherrschaft der Physiologie über Theologie, Moralistik, Ökonomie und Politik" (III, 517).

Wenn dann Nietzsche aber eine Sinn-Konstitution von Welt lediglich im jetzt und hier engagierten Leib erwartet und zu finden trachtet, dann ist er bereits weit hinter die kartesianische Subjekt-Objekt-Relation zurückgegangen. Und so kann er denn auch mit Recht bekunden: „Ich habe meine Schriften jederzeit mit meinem ganzen Leib und Leben geschrieben: Ich weiß nicht, was ‚rein geistige' Probleme sind" (KSA 9, 170).

Und an die Ärzte seiner Zeit sich wendend kann Nietzsche postulieren: „Ich erwarte immer noch, daß ein philosophischer Arzt im ausnahmsweisen Sinne des Wortes – ein solcher, der dem Problem der Gesamt-Gesundheit von Volk, Zeit, Rasse, Menschheit nachzugehen hat – einmal den Mut haben wird, meinen Verdacht auf die Spitze zu bringen und den Satz zu wagen: Bei allem Philosophieren handelt es sich bisher gar nicht um ‚Wahrheit', sondern um etwas ganz anderes, sagen wir um Gesundheit, Zukunft, Wachstum, Macht, Leben" (II, 12).

Daher sei es „wesentlich, vom Leib aus zu gehen und ihn als Leitfaden zu benutzen. Er ist das viel reichere Phänomen, welches deutlichere Beachtung zuläßt. Der Glaube an den Leib ist besser festgestellt als der Glaube an den Geist" (III, 476). Und noch einmal: „Der Glaube an den Leib ist fundamentaler als der Glaube an die Seele" (III, 497). Gerade die so überlegene Logik des Leibes, seine überwältigende Grammatik und seine so scharfe Dialektik würden wir einfach nicht mehr spüren. Seit Descartes hätten wir nur noch erfaßt, was machinal zu begreifen sei. Auf dem Wege dieses funktionellen Denkens sei selbst Gott zum Widerspruch des Lebens abgeartet, statt dessen „Verklärung und ewiges Ja" zu sein (I, 1178).

Nietzsche hat zwar bewundernd anerkannt, daß die modernen Wissenschaften in den letzten Jahrhunderten allgemein-gültige Formeln gefunden hätten für die Maße des Makrokosmischen wie auch die Welten des Mikrokosmischen: für das Unendlich-Große und das Unendlich-Kleine. Was seiner Ansicht nach dagegen völlig fehle, das sei ein Bild und das Maß für die dritte unendliche Welt: den Endokosmos, das Unendlich-Komplexe unserer leibhaftigen Organisation, das wir nur im lebendigen Umgang mit unserem Leibe erfahren. Daher seine These: „Das Phänomen des Leibes ist das reichere, deutlichere, faßbarere Phänomen: methodisch voranzustellen, ohne etwas auszumachen über seine letzte Bedeutung" (III, 860).

Die Sprache des Leibes

Die Sprache dieser Leiblichkeit aber, sie kann nur erfahren werden im Umgang mit dem Leib. Geheimnisvoller als Geist und wesentlich faszinierender als alles „Seelische" ist dieser Leib. Ein gewaltiger Strom von „leiblichem vigor" fließt durch unseren Körper, von Urbeginn an stimuliert und seit vielen Generationen auch immer deutlicher artikuliert. So ist der Magen weit mehr „unser", unser eigen und etwas Eigenes, während uns die Gedanken eher als „eingegeben" erscheinen (III, 453). Daher sei es entscheidend, immer wieder neu vom Leibe und seiner Sprache auszugehen und ihn als

Leitfaden zu benutzen. Und so fragen wir denn auch in erster Linie, was der Leib uns sagt; wir hören auf seine Vernunft und „lehnen das Zeugnis der verschärften Sinne ab: wenn man will, wir sehen zu, ob nicht die Untergebenen selber mit uns in Verkehr treten können" (III, 475).

Leiblichkeit als Grundphänomen aller Lebensvorgänge wird bei solchem Verkehr und mit dieser Fragestellung sogleich zum Prinzip der Existenzerhellung erhoben, wobei kaum noch betont werden muß, daß „Leib" in einen ebenso eindeutigen Gegensatz zum „Körper" gestellt wird wie auch zu jenem „Bewußtsein", das wir keineswegs als das eigentlich Menschliche betrachten sollten. „Das Erstaunlichere ist vielmehr der Leib: man kann es nicht zu Ende bewundern, wie der menschliche Leib möglich geworden ist", in einem Prozeß des Werdens und Wachsens, der ersichtlich nicht durch unser Bewußtsein gesteuert wird. Diese prachtvolle Zusammenarbeit des vielfältigsten Lebens, das Phänomen Leib, es sei unserem Bewußtsein, unserem Geiste, all unserem Denken so überlegen „wie Algebra dem Einmaleins".

Worin aber liegt diese Überlegenheit des Leibes und der Reichtum seiner Sprache? Es ist „der tausendfältige Gehorsam, welcher kein blinder, noch weniger mechanischer, sondern ein wählerischer, kluger, rücksichtsvoller, selbst widerstrebender Gehorsam ist", der diesem Leib zugrunde liegt und sich in ihm äußert.

Zur Phänomenologie des Leibes

Damit ist das Stichwort gesetzt, das dieser Phänomenologie des Leibes auch die Richtschnur geben wird: der Leitfaden eben des Leibes. Von diesem als gesichert erscheinenden Ansatz und seiner offengehaltenen Zielbestimmung werden nunmehr die kategorialen Dimensionen der Leibhaftigkeit präziser artikuliert. Gewiß sei die „Seele" ein geheimnisvoller Gedanke gewesen; noch anziehender, noch geheimnisvoller erscheint nun aber jener Leib, an dem die fernste und nächste Vergangenheit alles organischen Werdens wieder lebendig und leibhaft wird, durch den hindurch, über den hinweg und hinaus ein ungeheurer, unhörbarer Strom des Lebens zu fließen scheint.

Die Evidenz solcher Leiblichkeit tritt überall zutage, vor allem aber im „geistigen" Leben: „Aber auch heute hört man noch mit den Muskeln, man liest selbst noch mit den Muskeln". Und so teilt man sich auch nie Gedanken mit: „Man teilt sich Bewegungen mit, mimische Zeichen, welche von uns auf Gedanken hin zurückgelesen werden" (III, 754). Und so ist ja auch das eigentlich Verständliche an der Sprache „nicht das Wort selber, sondern Ton, Stärke, Modulation, Tempo, mit denen eine Reihe von Wörtern gesprochen werden – kurz, die Musik hinter den Worten, die Leidenschaft hinter dieser Musik, die Person hinter dieser Leidenschaft" (KSA 10, 89).

Was bei allem Perspektiven-Reichtum in Nietzsches Gedanken-Bergwerk uns gleichwohl verläßliche Leitlinien bietet, das sind die oft so überraschenden Erfahrungen, die wir Tag für Tag an unserem eigenen Leibe machen, das ist die Sprache des Leibes und unmittelbar verbunden das Hinhören auf diesen Anspruch, die Vernunft also, die der Leiblichkeit innewohnt.

Innerhalb des kategorialen Systems der Leiblichkeit erst bekommen wir ein Organ für Perspektive, Gestalt und Bewegung, kurzum für die großartige Symbolik, wie sie uns in der Bewegtheit eines Leibes vor Augen tritt. „Bewegung ist eine Symbolik für das Auge; sie deutet hin, daß etwas gefühlt, gewollt, gedacht worden ist" (III, 475). Das Leibhaftige wird mehr und mehr zum Symbol der Wirklichkeit, „als Leib, als Gebärde, als Instinkt - als Realität mit einem Wort" (II, 1231).

Mit unserem Leib ist uns aber nicht nur eine Sprache gegeben, die alle Phänome des Lebens zum Ausdruck bringt, sondern auch ein Organ des Vernehmens, eine alle anderen Erscheinungen überhöhende „große Vernunft". Wenn Nietzsche daher konstatiert:

„Leib bin ich ganz und gar" (II, 300), dann ist damit auch zum Ausdruck gebracht: „Der Leib ist eine große Vernunft" (II, 300).

Der Leib – eine große Vernunft

Dieser Leib aber, eine „große Vernunft" - als Leib „weiser als unser Geist" - jene große Klugheit, „die im Unbewußten waltet", dieser menschliche Leib ist ein viel vollkommeneres Gebilde als je ein Gedanken- und Gefühlssystem. Dieser Leib als Gesellschaftsbau vieler Seelen, „wie verschieden ist der Leib, wie wir ihn empfinden, sehen, fühlen, fürchten, bewundern und der Leib, wie ihn der Anatom uns lehrt". Im Leib wird die Vergangenheit alles organischen Werdens wieder vernehmbar und damit auch das evolutive Element manifest.

Gerade dieser Leib indes, das „Wunder der Wunder", diese „fühlbar werdende Geschichte davon, daß ein höherer Leib sich bildet" (III, 907), er sei uns bisher so überraschend fremd geblieben. Und doch sei nicht das menschliche Bewußtsein das eigentlich geistige Phänomen, so erstaunlich, daß es die Blüte der irdischen Dinge sein könnte: „Das Erstaunlichere ist vielmehr der Leib: man kann es nicht zu Ende bewundern, wie der menschliche Leib möglich geworden ist". Und so wird der Leib denn auch angesprochen als „unser eigentlicher Besitz", „unser gewissestes Sein", „unser ego"!

Wie sehr „Leib" und „Ich" zusammenhängen, zeigt etwa der Begriff „ent-leiben": Entleiben kann man nur sich selbst, einen anderen kann man töten. „Das Sein – wir haben keine andere Vorstellung davon als leben". Und sogleich dahinter die Frage: „Wie kann also etwas Totes ‚sein'?" (III, 483). Lebendig und leibhaft – sie sind bei Nietzsche zu EINEM Begriff geworden. Aus diesem Grunde wollte er denn auch den Künstlern mehr Recht geben „als allen Philosophen bisher. Sie verloren die große Spur nicht, auf der das Leben geht; sie liebten die Dinge dieser Welt; sie liebten ihre Sinne". Der Leib – und damit „die ganze Kette" (III, 561) des Lebens wird zum Ausgangspunkt und bleibt der Zielpunkt. Mit „Leib und Fleisch", mit dem „bauenden

Geist", will Nietzsche sich auf „die große Spur" setzen, „auf der das Leben geht" (III, 471).

Die Spur des Lebens

Auf der Spur des Lebens aber erscheint des Menschen Leib als eine ganze Welt, als die Unendlichkeit eines Mesokosmos eben, als ein Analogon zum Wirbel galaktischer Systeme. Und so kann Nietzsche denn auch so kühn wie nüchtern konstatieren: „Wir könnten uns unseren Leib räumlich auseinanderlegen, und dann erhalten wir dieselbe Vorstellung davon wie vom Sternensystem, und der Unterschied zwischen organisch und unorganisch fällt nicht mehr in die Augen" (III, 900). Dabei gewahren wir überall im leiblichen Geschehen eine Zweckmäßigkeit, „der unser bestes Wissen nicht gewachsen ist". Denn was in diesem intermediären Stoffverkehr so unbeschreiblich intelligent lenkt und leitet, das sei einem „ungeheuer viel höheren und überschauenden Intellekt" (III, 900) zuzuschreiben; alles Bewußte bleibe diesem leibhaftigen Intellekt gegenüber doch nur auf der Oberfläche.

Was wissen wir auch schon von der „wirklichen Welt", wo wir im Gefängnis unseres Horizontes gefangen sind, „in unserem Netze, wie Spinnen"? Auf der anderen Seite hin wiederum könnte sich eine einzige „Zelle des menschlichen Leibes" so darstellen wie „ein Sonnensystem in Bewegung, Bau und Harmonie" (I, 1090).

Und wenn Nietzsche meint, daß wir die ganze „Ehrfurcht", seit Goethe, in die „Natur" gelegt haben, in die Natur als das große Mittel zur „Beschwichtigung für die moderne Seele", dann sollten wir seiner Ansicht nach diese Ehrfurcht vor der Natur nun auch bei der „Betrachtung des Leibes" empfinden lernen. Hier nämlich könnten wir die gleichen Entzückungen erfahren, die uns der Wald, das Gebirge oder die Einsamkeit der fernen Himmelskörper schenken, Entzückungen, die – wie dieser erstaunliche Gedankengang schließt – so heilsam sind wie sie uns nüchtern machen, bescheiden werden lassen.

Aus einer solchen Perspektive heraus hat Nietzsche denn auch die Teilnahme der Mediziner an der auf uns zukommenden „Umwertung aller Werte" gefordert. Die Welt wirklich einmal zu lenken, dazu gebe es jetzt erstmalig eine Chance, in diesen unseren Tagen, wo sich „das ursprünglich so spröde, so mißtrauische Verhältnis zwischen Philosophie, Physiologie und Medizin in den freundschaftlichsten und fruchtbringendsten Austausch umzugestalten" beginne. Daher bedürften heute – und wie sehr erst morgen! – alle Gütertafeln menschlicher Werte „zunächst der physiologischen Beleuchtung und Ausdeutung". Wissenschaft, Moral, Politik, sie „alle insgleichen warten auf eine Kritik von Seiten der medizinischen Wissenschaft" (II, 797).

Was Nietzsche neben und über die Wissenschaft stellen wollte, ist jene „Gesundheitslehre des Lebens", die uns nun auch die Architektonik vermittelt für den „Kosmos Anthropos", und es erscheint mir von weittragender Bedeutung, daß gerade der Philosoph Nietzsche nicht mit geistigen Perspektiven – auch nicht mit dem „Übermenschen" im Visier und dem „Wille zur Macht" im Gepäck – beginnt, daß er vielmehr anfängt mit den Lebens- und Leibesbedürfnissen an der Basis, mit einer „Lehre von den nächsten Dingen", beim „Bedürfnis des Einzelnen" und seiner „großen und kleinen Not innerhalb der vierundzwanzig Tagesstunden". Dazu aber gehören nun einmal so banale Dinge wie „Straßenpflaster, gute Luft im Zimmer, die Speisen auf ihren Wert begriffen". Dazu gehöre weiterhin die „Einteilung des Tages", die Benutzung der Stimmung und Witterung: „Licht, Luft und freie Bewegung", das allein schenkt uns Glück, ferner Wechsel der Diät, „Reisen in jedem Sinne", ruhen und verdauen: „Der Geist selbst ist ja nur eine Art des Stoffwechsels". Zu allem aber gehört der systematisierte Rhythmus der Leiblichkeit im Alltag. Im Ablauf der Jahre, der Tage, der Stunden, in der Aufnahme und Abgabe von Speise und Trank, im Wechsel von Mühe und Muße, durch Kranksein und Genesen hindurch, im Altern und bis zum Sterben, überall fordert und findet Nietzsche am

Leitfaden des Leibes eine „neue Art zu leben", einen Weg zur zweiten, der großen Gesundheit.

Jenseits aller Ideeierung und Moralisierung spürt Nietzsche den Strukturen des Lebens nach, und die findet er alle manifest am Leibe, und dies nicht nur zuhanden, sondern schöpferisch wirksam, auf daß ein „höherer Leib sich bilde", der freilich alles andere ist als ein „Übermensch" oder sonst ein Gott-Idol.

Aus der „Vernunft des Leibes" holt gerade der leidende Nietzsche jene „plastische wiederherstellende Kraft", die zur „großen Gesundheit" verhilft, die uns aber auch „jenen Überschuß an plastischen, ausheilenden, nachbildenden und wiederherstellenden Kräften" zu vermitteln weiß, welche wohl alle dienen als „Zeichen der großen Gesundheit" (I, 441). Gesundheit ist die geheimnisvolle Burg gleichsam unseres leibhaftigen Daseins.

Zur Bildung des Leibes

Die zweite, die große Gesundheit, sie soll und sie kann über die Kultivierung des Leibes für uns „zu einer Quelle der Freude werden". Auf der Höhe der Kultur des Leibes werden wir dann auch wieder Freude empfinden „an der Pflege des anderen, wie der eines Gartens". Ist doch alle Bildung des Leibes, alle Pflege der Gesundheit, die ganze Entwicklung des Menschen nichts anderes als „die Freude aller Freuden".

Im konkreten Umgang mit dem Leibe ist für Nietzsche die einzig wirksame, eine im Grunde revolutionäre Philosophie zu sehen, eine Philosophie aber auch, „welche im Grunde der Instinkt für eine persönliche Diät" ist (I, 1073). Nicht die revolutionären Ideen als solche sind es, welche eine Welt umbrechen und umstürzen könnten, sondern ganz kleine und konkrete Anlässe, jene Gedanken eben, die wie „auf Taubenfüßen" kommen. Es ist die ganz kleine „Kette von erfüllbaren Pflichten" (I, 321), die uns vom Höhenflug der Ideale hinweg wieder an die beschränkte Situation unseres Alltags knüpft, in dem wir nun einmal leibhaftig zu Hause sind. Hier findet der Mensch sein Maß.

Nietzsche fordert daher, daß „die Lehre von dem Leibe und von der Diät" wiederum „zu den Verpflichtungen aller niederen und höheren Schulen" zu zählen habe (I, 1150). Allein dafür sei die Stunde noch nicht gekommen. Noch fehlten vor allem die Ärzte, die in der Lage wären, die bisherige Moralpraxis umzuwandeln „in ein Stück ihrer Heilkunst und Heilwissenschaft". Damit wäre zu verbinden ein neues, ein hungriges Interesse an leibhaftigen Dingen, ein Interesse, „das vielleicht einmal dem Sturm und Drang jener alten religiösen Erregung nicht unähnlich erscheinen wird; noch sind die Kirchen nicht im Besitz der Pflege der Gesundheit; noch gehört die Lehre von dem Leibe und von der Diät nicht zu den Verpflichtungen aller niederen und höheren Schulen ... . Noch hat kein Denker den Mut gehabt, die Gesundheit einer Gesellschaft und der Einzelnen danach zu bemessen, wie viel Parasiten sie ertragen kann, und noch fand sich kein Gesetzgeber, welcher die Pflugschar im Geiste jener freigebigen und mildherzigen Rede führte: Willst du das Land bauen, so baue mit dem Pfluge: da geneußt dein alle Kreatur!" (I, 1150/51)

Auf all diesen Gebieten hätten wir sicherlich von den Ärzten manches zu lernen, mehr aber noch von den Künstlern: „Wir aber wollen die Dichter unseres Lebens sein, und im Kleinsten und Alltäglichsten zuerst" (II, 176). Der Dichter in erster Linie habe sich die Frage zu stellen, „was macht bei dir die Geschichte des Tages?" (II, 181). Überall im Alltag begegnen uns ja leibhaftig die Farben, die Töne, die Stimmung: Wir aber machen die Melodie daraus. Und so ist für Nietzsche der gebildete Mensch in erster Linie „der eigentliche Dichter und Fortdichter des Lebens" (II, 177).

Ein Philosoph aber, „der den Gang durch viele Gesundheiten gemacht hat und immer wieder macht, ist auch durch ebenso viele Philosophien hindurchgegangen: er kann eben nicht anders, als seinen Zustand jedesmal in die geistige Form und Ferne umzusetzen – diese Kunst der Transfiguration ist eben Philosophie" (II, 12). Und auch hier wieder ganz konkret: Die wohlfeilste Art zu leben sei die des Denkers: „Er bewegt sich, ißt, trinkt und schläft nach dem Maße, das sein Geist immer ruhiger, kräftiger und heller werde; er freut sich seines Leibes" (I, 1277).

In Nietzsches „Ideenkomplex" – konnte Thomas Mann (1947) 18 schreiben – dominiert „der Begriff der Kultur. Er ist dem Leben selbst fast gleichgesetzt". Das aber war für Nietzsche „der Grundgedanke der Kultur", ein ständiger Kulturauftrag mit dem Ziel, „die Erzeugung des Philosophen, des Künstlers, des Heiligen in uns und außer uns zu fördern und damit an der Vollendung der Natur zu arbeiten" (I, 326).

Diese so reiche Kultur aber, eine vieltausendjährige Philosophie der Gesundheit, einfach vergessen zu haben, das sei „das eigentliche Verhängnis in der Gesundheitsgeschichte des europäischen Menschen". Und „wie ferne sind wir noch davon, daß zum wissenschaftlichen Denken sich auch die künstlerischen Kräfte und eine praktische Weisheit des Lebens hinfinden, daß ein höheres organisches System sich bildet, in bezug auf welches der Gelehrte, der Arzt, der Künstler und der Gesetzgeber, so wie wir jetzt diese kennen, als bedürftige Altertümer erscheinen müßten!" (II, 121)

Nach dem Muster uralter Überlieferungen einer Hygienischen Kultur wird von Nietzsche noch einmal versucht, aus dem Willen zur Gesundheit, mit der Gestaltung des Lebens, über alle Möglichkeiten des Heilens eine Philosophie zu machen, wörtlich: eine „Gesundheitslehre des Lebens". Dafür aber wird ein Programm angeboten, das nicht genug beachtet werden kann, ein Programm, das am Leitfaden des Leibes den Kosmos Anthropos von innen erhellen möchte, wobei sich die überraschendsten Möglichkeiten ergeben. Denn „wer jetzt aus den moralischen Dingen ein Studium machen will, eröffnet sich ein ungeheures Feld der Arbeit. Alle Arten Passionen müssen einzeln durchgedacht, einzeln durch Zeiten, Völker, große und kleine Einzelne verfolgt werden; ihre ganze Vernunft und alle ihre Wertschätzungen und Beleuchtungen der Dinge sollen ans Licht hinaus! Bisher hat alles das, was dem Dasein

Farbe gegeben hat, noch keine Geschichte. Oder wo gäbe es eine Geschichte der Liebe, der Habsucht, des Neides, des Gewissens, der Pietät, der Grausamkeit?"

Jenes großartige Gemälde, was wir leibhaftig als Leben erfahren, es ist erst in Jahrtausenden geworden und hat im Werden erst Farbe bekommen. „Das, was wir jetzt Welt nennen, ist das Resultat einer Menge von Irrtümern und Phantasien, welche in der gesamten Entwicklung der organischen Wesen allmählich entstanden, ineinander verwachsen sind und jetzt als aufgesammelter Schatz der ganzen Vergangenheit vererbt werden - als Schatz: denn der Wert unseres Menschentums ruht darauf".

Im Rahmen einer Entstehungsgeschichte des Denkens will Nietzsche das Programm einer neuen Gesundheitswissenschaft aufreißen, um von hier aus alles von neuem auf die Waage zu stellen und mit neuen Stimmen zur Sprache zu bringen. Eine solche höhere Kulturgeschichte aber ist in seinen Augen revolutionär wie keine andere Macht in unserer so morschen Welt. „Ein neuer Grad der Kultur würde augenblicklich das ganze System menschlicher Bestrebungen einer Umwälzung unterwerfen". Ein „neues Zentrum ungeheurer Kräfte" wäre gegeben, das wiederum nur am Leitfaden des Leibes und im Milieu des Alltags zu erforschen wäre.

Auch für diese Forschung hat Nietzsche immerhin die Programmpunkte gegeben, wenn er fragt: „Hat man schon die verschiedene Einteilung des Tages, die Folgen einer regelmäßigen Festsetzung von Arbeit, Fest und Ruhe, zum Gegenstand der Forschung gemacht? Kennt man die moralische Wirkung der Nahrungsmittel? Gibt es eine Philosophie der Ernährung?" Und sofort eine ganze Serie weiterer Fragen: „Sind die Erfahrungen über das Zusammenleben, zum Beispiel die Erfahrungen der Klöster, schon gesammelt? Ist die Dialektik der Ehe und Freundschaft schon dargestellt? Die Sitten der Gelehrten, der Kaufleute, der Künstler, Handwerker – haben sie schon ihre Denker gefunden? Es ist so viel daran zu denken! Alles, was bis jetzt die Menschen als ihre Existenz-

Bedingungen betrachtet haben, und alle Vernunft, Leidenschaft und Aberglaube an dieser Betrachtung – ist dies schon zu Ende erforscht?"

Mit einer solchen Forschung aber wären erst die elementaren Prinzipien einer neuen Lebensordnung aufgedeckt und damit auch ein realistisches Programm! Daß dafür die Zeit näher gekommen ist, zu einem Zeitpunkt, wo wir mit den ökologischen Gleichgewichtsverlusten den Zwang auch zum ökumenischen Denken erfahren, daran besteht kein Zweifel. Eine Welt von heute und für morgen, die bis zum Tage noch so völlig unreflektiert von den Mächten der Politik, der Wirtschaft, der Technik, der Wissenschaft gesteuert wird, sie bedarf „einer höheren Aufsicht und Überwachung. Eine Gesundheitslehre des Lebens stellt sich dicht neben die Wissenschaft".

Diese aber hat – wie Nietzsche den Gedankengang abschließt – eine fundamental neue, die kommende projektive Wissenschaft vom Leben und der Gesundheit erst einmal zu begründen. Denn ohne ein regulatives Konzept kann die Wissenschaft nur chaotisch wirken und muß zur Vernichtung führen. „Jedenfalls muß, wenn die Menschheit sich nicht durch eine bewußte Gesamtregierung zugrunde richten soll, vorher eine alle bisherigen Grade übersteigende Kenntnis der Bedingungen der Kultur, als wissenschaftlicher Maßstab für ökumenische Ziele gefunden sein. Hierin liegt die ungeheure Aufgabe der großen Geister des nächsten Jahrhunderts" (I, 466).

Vergessen aber sei bei allen Spuren und solchem Spüren am Leitfaden des Leibes nicht der kluge Rat, der uns in den „Nachgelassenen Schriften" (III; 548) hinterlassen wurde: „Besinnen wir uns, denken wir zurück, gehen wir die kleinen und große Wege!" Wenn Nietzsche freilich seine Leser auffordert: „Lernt mich gut lesen", dann meint er mit „gut" vor allem „langsam, tief, rück- und vorsichtig, mit Hintergedanken, mit offengelassenen Türen, mit zarten Fingern und Augen!" Und so scheut er sich denn auch vor jeder Art von „vollendetem System" und will seine Versuche „am Leitfaden des Leibes" lieber aufgefaßt wissen als „Vorspiele zu einer Philososophie des Leibes" – unter dem Motto allerdings (I, 1051): „Aller Geist wird endlich leiblich sichtbar".

11. Leib als psychosomatische Einheit

Auf seinem „Wege psychosomatischer Forschung" hatte der Heidelberger Kliniker Viktor von Weizsäcker bereits im Jahre 1934 ein Konzept vorgetragen, in dem es heißt: „Leibliche und seelische Phänomene können weder in Kausalreihen verknüpft noch in Parallellinien geordnet werden. Ihre Zusammenhangsregeln lauten anders. Wir können sie nur darstellen, wenn wir die Natur der Krisen und die Umordnung der Funktionsstrukturen in ihnen wahrzunehmen gelernt haben". Wahrnehmen aber könnten wir solche Krisen der Natur nur an einem Leibe. Im Mittelpunkt von Weizsäckers „Psychosomatik" steht denn auch der Leib oder, mit seinen Worten, nichts, „was man nicht am eigenen Leibe erfahren kann" (GS V, 251).

Bei aller „Psychologie" habe man nur zu leicht vergessen, „daß das Wort Leib nicht bildlich gilt, sondern daß es der wirkliche Leib, die physische Materie, die physiologische Funktion selbst ist" (V, 261). Schmerz und Schwindel, Müdigkeit und Sexualnot, alles das seien ja im Grunde nur „leibliche Zustände". Und so versucht Weizsäcker, dem „Leibgeschehen" des Kranken mehr und mehr auf die Spur zu kommen; er ahnt, daß diesem Leibgeschehen eine „gestaltende ja ordnende Fähigkeit" zukomme. Und so stellt er sich der Frage: „Sollte der Leib mehr Vernunft haben, als wir ihm zugetraut?" (VI, 207). Und er konnte schließlich so weit gehen, daß er lapidar konstatiert: „Nichts Psychisches hat keinen Leib" (V, 314). Psychisches als solches könnte sich lediglich ereignen in einem luftleeren Raum.

Weizsäcker spricht des weiteren von der „Übermacht der körperlichen Situation" des Menschen im Alltag. Was auf ihn in seiner ärztlichen Laufbahn immer den „größten Eindruck" gemacht hat, das war – wie er bekennt (VII, 202) – „die Abhängigkeit des Geistes vom Leibe, der Seele vom Triebe; aber auch die Klugheit dieser Leiblichkeit", ja sogar eine „List" wäre jene „Weisheit, die in der Materie waltet" und damit auch alle die „Hilfe, die die Natur dem Geiste bringt".

Noch einen Schritt weiter war Viktor von Weizsäcker gegangen, als er – auf einer Tagung der Evangelischen Akademie in Bad Boll (1947) – die provokante These aufstellte, daß die so vielzitierte „Seele" eben nicht der unsterbliche Teil des Menschen sei, daß sie, die sog. Seele „gar nichts zu tun" habe „mit etwas, was etwa kostbarer wäre als der Körper". Die „Seele", das sei vielmehr auch ein Teil des irdischen Leibes, also Fleisch im Sinne des Apostels.

Daß Seelisches und Körperliches ganz und gar ineinander fließen, eben das erschien auch dem Heidelberger Kliniker Ludolf von Krehl als das Charakteristikum jeder Erkrankung. Krehl zeigte sich überzeugt davon, daß es „für die künftige Medizin" durchaus möglich sei, die Symptomatik des kranken Menschen in dieser Weise systematisch darzustellen. Wer das Leben kennenlernen und krankes Leben behandeln und beschreiben wolle, der müsse einfach immer das Ganze berücksichtigen, das Zusammenwirken der Organe, die Leitung ihrer Leistungen, die Fragen auch der Vererbung wie die Probleme der Anpassung und Regulierung.

In seinem Aufsatz über „Krankheit und Persönlichkeit" glaubte Krehl eine wesentliche Fortentwicklung der Medizin seiner Zeit erkannt zu haben, jenen Fortschritt eben, der in dem „Eintritt der Persönlichkeit als Forschungs- und Wertungsobjekt" zu sehen sei. Das aber würde letztlich nichts anderes bedeuten als „die Wiedereinsetzung der Geisteswissenschaften und der Beziehungen des ganzen Lebens als andere und mit der Naturwissenschaft gleichberechtigte Grundlage" (Dtsch. Med. Wschr. 43 (1928) 1745).

Worum es dieser psychosomatisch orientierten Medizin ging, das war nicht „eine Abgrenzung der gegenwärtig herrschenden Naturbetrachtung", sondern – wie Ludolf von Krehl sagte – ihre „notwendige Ergänzung und Umfassung". So notwendig auch alle diagnostischen Maßnahmen und alle operativen Eingriffe seien, man dürfe nie vergessen, daß ein Mensch als Ganzes – mit Leib und Seele und Geist - vor einem stehe. Immer klarer wurde dabei die Einsicht, daß und warum sich Medizin und Naturwissenschaft nicht decken könnten, obschon sie fraglos ein Stück des Weges zusammen gehen. Insofern die Erforschung des Organismus die Methoden der Physik und Chemie brauche, könne man sie durchaus als eine „angewandte Naturwissenschaft" bezeichnen. Sie ist aber – so Ludolf von Krehl – noch etwas mehr!

Dieses „Mehr" ist es, was von Krehl wie Weizsäcker immer schärfer herausgearbeitet wird. Nicht einmal von einem „Verhältnis" zwischen Psyche und Soma kann hier die Rede sein, wie es die „Psychosomatik" beschreibt, die immerhin zu verhindern sucht, daß man „rein psychische" oder „rein somatische" Störungen behandelt, was offensichtlich absurd ist. Der Gegenbegriff zu „physis" war bei den alten Griechen denn auch nicht „psyche", sondern „nomos", was für die Struktur der Wirklichkeit wiederum von Belang ist und einen Ausdruck findet in der Sprache des Leibes.

Die Sprache des Leibes

Innerhalb dieser „vernünftigen Ordnungslehre", wie Weizsäcker diese seine Ansätze zu einer Leibphilosophie umschrieb (V, 284), begegnet uns die Krankheit als eigenständige Ausdrucksgebärde, als eine ganz eigene Sprache des Körpers. „Noch verstehen wir diese Sprache nicht ganz, aber wir kommen immer näher an sie heran" (VII, 370). Selbst in den sogenannten Organkrankheiten rede ja der Körper immer ein Wort mit. Jedes Organ habe gleichsam seinen eigenen Dialekt, einen „Organdialekt". Nur so konnte Viktor von Weizsäcker auch in einem Rundfunkvortrag – 1952 beim Hessischen Rundfunk - bekennen: „Der Körper redet in unserem Leben mit", wobei er als Schwabe hinzufügte: „schwätzt mit, wie ich zu sagen pflege" (VII, 369), was – wenn man die Schwaben kennt – nicht einmal abschätzig gemeint ist. Dabei ging es ihm gar nicht um „Seelisches", sondern immer nur um den „Leib selbst", der sich auszudrücken pflegt und dessen Sprache wir nicht ernst genug nehmen können.

Diese „Organsprache" gelte es sehr sorgfältig zu analysieren. Sie sei so etwas wie ein verborgener Text, der entziffert werden müsse, um lesbar zu werden. Was wir dann im Prozeß dieser Entzifferung erfahren, das ist überraschend genug. Denn dieser unser Leib, er ist „nicht nur schwach, sondern auch geistreicher, vernünftiger, auch sittlicher und inniger fühlend" als aller „Geist" (VII, 209). Der Mensch steckt ja nicht stumm in seinem Leibe, wie es das Tier tut. Er kann sich zu seinem Leibe verhalten, auch zum kranken Leibe. Er ist bestimmt durch ein Leib-HABEN wie auch ein Leib-SEIN.

Leibsein aber erscheint viel geheimnisvoller als Leibhaben. Es ist nicht von ungefähr, daß Lou Andreas-Salomé an Viktor von Weizsäcker schreiben konnte: Sie habe bei all ihren Erfahrungen mit der Psychologie „immer das Gefühl gehabt, das größere Geheimnis noch sei der Leib" (I, 242). Die wichtigsten Angelegenheiten menschlicher Existenz jedenfalls, die soziale und die sexuelle Frage, „sie kreisen um das Geheimnis der Leiblichkeit". Beider „Mysterium" sei eben der Leib; „läßt man dieses Gravitationszentrum weg, dann kreisen sie nach Art eines Doppelsterns nur umeinander" (I, 306). Bei allen psychologisch zu erörternden Erfahrungen und bei allen Einsichten der Tiefenpychologie: Das „größere Geheimnis" menschlicher Existenz ist der Leib.

Nun ist die eigentliche Krankengeschichte immer ein Stück einer „Lebensgeschichte", sagt Viktor von Weizsäcker (VI, 61); sie ist Biographie und ist Pathographie. Krankheit, besser noch Krankgewordensein erscheint dabei „als Übergang, Gelenk oder Nahtstelle zweier Lebensabschnitte, als Krise" (VI, 413). Die kritische Analyse der persönlichen Lebensgeschichte des kranken Menschen zeigt uns aber auch, daß es bei der Erkrankung nicht um Psychisches oder Somatisches geht, sondern „um den Leib selbst". Zu behandeln ist daher nicht der versehrte Körper oder die gekränkte Seele, sondern der ganze Mensch in seiner vollen Leiblichkeit.

An die Stelle des „psycho-physischen Apparates" der Naturwissenschaften ist für Weizsäcker die „leibhaftige Ordnungsstruktur" getreten. Durch die Ordnung des Leibes hindurch erfährt der Mensch seine Umwelt und seine Mitwelt und damit auch seine eigenen Erlebniswelten, nicht zuletzt auch sein Kranksein. Und genau dieses leibhaftige Kranksein soll nun der Schlüssel sein, welcher „die Tür aufschließt, hinter der wir alle ein wichtiges Geheimnis vermuten" (I, 290).

Nirgendwo begegnet der Arzt seinem Patienten auf neutralem Boden, sondern immer in einer konkreten sozialen Wirklichkeit. Sein ganzes Leben lang hat Weizsäcker nach „Sinn und Geist" seiner anthropologisch orientierten Medizin gesucht, die er dann auch genannt hat: eine „vom Menschen zum Menschen gerichtete Medizin" (V, 339). Als Wesen der Therapie stand ihm denn auch mehr und mehr vor Augen: „Die Ermöglichung der Bestimmung des Menschen unter Menschen" (VII, 215).

Für den wahren Arzt dürfe es menschliche Existenz nur in der Verbundenheit der Gemeinschaft und in der historischen Zeit geben, ein Zeitraum, in den wir hineingeboren wurden, der uns bildet und dessen Lasten wir mitzutragen haben. So der Heidelberger Kliniker Richard Siebeck in seiner „Medizin in Bewegung" (1947). Der Mensch stehe eben nicht allein im Leben. Mit tausend Bindungen sind wir „eingegliedert in die Folge der Geschlechter und in die Gemeinschaft unseres Volkes".

Aus solchem Gedankengut konnte in der „Personalen Medizin" jenes Prinzip Verantwortung erwachsen, das die Dimension des Anderen respektiert und damit auch die konkrete Lebenswelt des Patienten in seinen leibhaftigen Bedürfnissen. Gesundheit und Krankheit waren zu einer Art „Schnittstelle" geworden, an der sich Psychisches, Somatisches und Soziales mit Ethischem treffen, wobei sie natürliche Konfliktflächen bilden, die wiederum leiblicher Leistungen wie auch ethischer Richtlinien bedürfen, um sinnvoll zu werden.

Krankheit gilt dabei weniger als Defekt an einem Mechanismus denn als Antwort eines lebendigen Systems auf die vielfältigen

Herausforderungen der Lebenswelt. An die Stelle des Mechanismus-Modells sind kybernetisch gesteuerte Kreislaufmodelle getreten. Der Primat der räumlichen Strukturgesetze wurde weithin abgelöst durch eine Ordnung dynamischer Beziehungen zwischen zeitlich ablaufenden Funktionen. Deren Elemente aber sind nicht mehr isolierbare biochemische Strukturen, sondern übergeordnete Einheiten, die den Organismus ebenso mit seiner Umwelt in Verbindung sehen wie das Individuum mit seinem sozialen Millieu. Eine neue Theorie der Medizin erwarten wir denn auch nicht mehr ausschließlich von den Naturwissenschaften, sondern auch von den die exakten Wissenschaften kompensierenden Modellen der Psychologie, der Soziologie, der Ökologie und – diese alle umgreifend - von einer hermeneutisch orientierten Medizinischen Anthropologie.

Psychosomatische Strömungen

Die Bedeutung einer „Anthropologie des Leibes" kann kaum überschätzt werden. Sie reicht von der antiken Naturphilosophie und dem klassischen Geschichtsdenken über die Pädagogik, die Ästhetik, die Therapeutik bis hin zu einer Lebenswelt-Analyse, wie sie heute auf den Gebieten der Ökologie, der Medizinsoziologie, auch der Geschichte der Medizin betrieben wird. Auf all diesen leibhaftigen Feldern ereignet sich die Welt mit ihren Gruppen, in ihren Motiven und Zielsetzungen, in jeder Lebenskrise, mit aller Kultur und Technik. Immer ist und bleibt der Leib der Ort der Auseinandersetzung mit der Welt. Eine Medizinische Anthropologie kommt daher nicht vorbei an einer möglichst systematischen Kategorienlehre der Leiblichkeit. Dies gilt noch einmal gesteigert für alle Phänomene des Pathischen, für die Pathogenese wie auch für alle Ansätze zu einer Rehabilitierung im weitesten Sinne des Wortes.

Mit einer solchen „Philosophie des Leibes" erst wäre der so notwendige wie entscheidende Schritt über die „Psychosomatik" hinaus getan. Nicht mehr der „Körper" - als materielles Naturprodukt – und die „Seele" - als abstrahierte Psyche – stehen jetzt zur Debatte, sondern der Mensch mit seinem „Leib" in der „Welt"! Nicht um die additive Ergänzung des Somatischen durch das Seelische kann es hier gehen, zumal Lebendiges im dualen Schematismus gar nicht gefaßt werden kann. Hier geht es eben nicht um Ursache und Wirkung, nicht um Zwecke allein, sondern um den Sinn. „Seele" oder „Geist", sie benutzen nirgendwo diesen Leib als ihr physisches Werkzeug; es ist vielmehr der Mensch als Ganzes, mit Herz und Hirn, der sich mittels organischer Strukturen und sinnlicher Funktionen „leiblich ins Werk richtet". Diese leibhafte „Welthabe" – so Merleau–Ponty, 1966 – allein sei die Voraussetzung, Welt zu denken. Erfahrung wäre demnach nur ein Sichöffnen auf die faktische Welt, wäre „ouverture à notre monde du fait".

Nur einige wenige Zeugen für diese neuen Erfahrungen um ein „Leib-Sein in der Welt" seien hier aufgerufen!

Die neue Form einer Solidarität zwischen Arzt und Patient hatte der Philosoph Max Scheler „Sympathie" genannt. Der Theologe Paul Tillich sprach von „Teilhabe". Der Arzt Viktor von Weizsäcker suchte den „Umgang" zwischen Patient und Arzt. Der Religionsphilosoph Martin Buber nannte es „Begegnung", und er sprach sehr früh schon von einer „Sphäre des Zwischen".

Der Schweizer Psychiater Ludwig Binswanger hat das „Mitsein mit anderen" betont und von einem „Mit-einander-Sein" gesprochen. Dieses Sein sei wahrhaftig ein „In-der Welt-Sein"; sei es doch die Welt, die ich mit anderen teile. Dieses „Einander" aber bedeutet nicht ein „je mein" oder „je dein", sondern das „als Wir erschlossene Da des Daseins". Jeder Kranke sei – so Binswanger (1942) – als ein mit dem Dasein ringender Mitmensch ein gleichwertiger „Daseinspartner". Das „dialogische Denken" Martin Bubers sollte hier zum „dialogischen Handeln" führen.

So war denn auch für Martin Buber die fundamentale Tatsache der leibhaftigen Existenz nichts anderes als „der Mensch mit dem Menschen". Hier begegnen wir uns in einer „Sphäre des Zwischen", von der in unseren Tagen der japanische Psychiater Bin Kimura

(1995) immer wieder gesprochen hat. Und auch Martin Buber hatte dies aufgefaßt als eine „Urkategorie" der menschlichen Wirklichkeit. Im „Ich und Du" erst würden wir die dialogische Struktur unserer leibhaftigen Existenz erfahren.

Vor diesem Hintergrund konnte der Freiherr Viktor Emil v. Gebsattel sehr souverän konstatieren: „Der Mensch steckt nicht blind im Leib wie das Tier, sondern sein Sich-Verhalten zum Leib, das Leibsein und Leibhaben, bestimmt die Krankheit als ein Krank-SEIN". Auf dem Umweg über die leibliche Erkrankung erst verhalte der Mensch sich „auf besondere Weise zu sich selber". Umgang mit sich selbst aber – so auch der Heidelberger Kliniker Herbert Plügge (1962) – sei immer Umgang „mit unserer Körperlichkeit". Für Plügge, Schüler von Weizsäcker, wurde Leiblichkeit zum „Vermittler zwischen mir und der Welt". Wesentlich als Funktion der Vermittlung erscheint hier der Leib. Auch für Merleau-Ponty bedeutet „Leib" – ganz eindeutig – den nicht von der Psyche zu unterscheidenden Körper, den Mensch eben in seiner Ganzheit. Mit solchem Leib-Begriff wird geradezu emphatisch betont, „daß ich gänzlich außer mir bin und die Welt ganz und gar innen". Zwar sei solcherart Einheit von Leib und Seele „nicht ein für allemal in grauer Vorzeit hergestellt" worden; sie erlebe vielmehr „von Augenblick zu Augenblick ihre Wiedergeburt".

Zu einer solchen Ganzheitlichkeit hat sich nicht zuletzt der Theologe Karl Barth bekannt, für den der gesunde wie der kranke Mensch immer beides war: „Seele seines Leibes, vernünftige Seele seines dienenden Leibes". Gleichwohl weise in beiden Aspekten immer „einer und derselbe und nicht zwei". Hier geht es nicht um ein irgendwie zu verstehendes gesondertes „Seelenleben", sondern um „ein organisches vegetativ-animalisches Leibesleben". Hier geht es letztlich immer nur „um ihn selbst".

Soweit zu einigen Linien und Figuren dieser „Psychosomatik", die sich zu einer wahren „Medizin in Bewegung" entfalten sollte. Es ist bei all ihren Strömungen niemals um die „psychische" Behandlung „seelischer" Störungen gegangen. Das haben die Schamanen archaischer Hochkulturen ebenso gekonnt wie unsere psychotechnokratischen Medizinmänner. Worum es der anthropologisch orientierten Richtung eher ging, war – so Weizsäcker - „die Frage , ob jede Krankheit, die der Haut, der Lunge, des Herzens, der Leber und der Niere auch von seelischer Natur sei" – und natürlich auch vice versa! Mit dieser provokativen Frage erst kam Spannung auf, Polemik gegen ein ganzes Säkulum halber Theorien und halbherziger Therapien, Auseinandersetzung auch nicht zuletzt um Kompetenzen und Konsequenzen.

In Summa freilich finden wir unter diesen Strömungen Dutzende von Gruppen und Richtungen, die einander widersprechen und auf keinen Fall miteinander verwechselt werden wollen. Was in dieser Bewegung dominiert, ist ein Kaleidoskop an geistesgeschichtlichen und kulturhistorischen Strömungen, aus Jahrtausenden gespeist, durch das 19. Jahrhundert immer stärker reguliert und kanalisiert und zumeist unterirdisch verlaufend: mantische und faustische Traditionen, gnostische und magische Überlieferungen, archaische Grundmuster der Seele und Symbole auf uns zukommender Zeiten – alles in allem eine wahrhaft dionysische Welt, so daß man kaum noch glauben kann, daß die Ärzte ursprünglich einmal ihr Gelöbnis abgelegt haben bei „Apollo Medicus", bei Apollon, dem Arzt, dem lichten Gott leibhaftiger Heilkunst.

12. Leib und Seele – kein Problem

Werfen wir zum Abschluß unserer historischen Betrachtungen noch einmal die Frage auf, was es uns denn bedeute, ein Leben „mit Leib und Seele", so stellen wir fest, daß wir zwar eine solche Floskel noch immer gern im Munde führen, weil uns „mit Leib und Seele" einfach geläufig ist, daß sich aber ihr Realitätsgehalt auf eine völlig andere Ebene verlagert hat.

Selbst die Katholische Akademie in Bayern hat es nicht gewagt, ihrer Philosophischen Woche (September 1999) den Titel „Leib und Seele" anzubieten, ohne sogleich den Untertitel zu wählen „Gehirn und Bewußtsein". Dem Obertitel zum Trotz war in dieser Tagung denn auch nirgendwo von „Leib und Seele" die Rede, sondern allenfalls von „Gehirn und Geist" oder auch „Bewußtsein und Materie". Als Resultat der Diskussionen ergab sich lediglich die alte Frage, wie sich wohl menschliches Bewußtsein erklären ließe durch rein neuronale Prozesse im Gehirn. „Seele" wird reduziert auf Gehirn; mit dem „Hirntod" ist alles aus.

Was aus der modernen Diskussion resultiert, ist der leidige Sachverhalt, daß es für den Begriff „Seele" offensichtlich keine „operationale Definition" gibt. Der Begriff sei – so heißt es - für einen „rationalen Diskurs" einfach nicht mehr verwertbar. Moderne Neurophysiologen gehen dabei so weit, daß sie konstatieren: „Personen sind nicht unabhängig voneinander existierende Seelenperlen, sondern Artefakte der uns erzeugenden sozialen Prozesse" (Dennett, 1994).

Heute sind sich die Neuroforscher darüber einig, daß Geist nur in jener Materie entstehen kann, welche die Strukturen des Gehirns aufweist. Die Idee aber, daß die Strukturen der Seele mit der Struktur des Gehirns in Einklang zu bringen sei, hat Ende des 19. Jahrhunderts wohl am konsequentesten der Wiener Psychiater Carl Wernicke (1848-1905) vertreten. Das alte, so reiche Seelenleben, es bestand für ihn im Grunde nur aus Assoziationen von „psychischen"

Elementarteilchen. In den Assoziationsfasern bewegt sich – so seine Argumentation – unaufhörlich ein äußerst erregter Strom, der jeweils durch Trennung (Sejunktion) unterbrochen wird und so die verschiedensten psychopathologischen Phänomene hervorbringt.

Den somatischen Generalansatz Wilhelm Griesingers – daß nämlich Geisteskrankheiten Gehirnkrankheiten seien – glaubte der Psychiater Meynert vor mehr als hundert Jahren schon so weit gesichert, daß er alle bisherige Psychiatrie als „Wolkenwelt" (1876) verlästern konnte, um dann seinerseits im Urwald des Hirndickichts auf nebulöse psychische Beute zu gehen. Seine Vorstellungen faßt Meynert 1890 zusammen in seinen „Vorlesungen über Psychiatrie auf wissenschaftlichen Grundlagen". Das primär somatopathologische Erscheinungsbild, es war nach seiner Ansicht jedesmal nur Ausdruck eines abnormen Spiels des Hirnmechanismus, wobei es zu einer höchst charakteristischen Phasenverschiebung vom physikalischen Modell zum dynamischeren Biochemismus gekommen sei.

Und doch konnte Rudolf Virchow, der als krasser Materialist verschrieene große Naturforscher, im Jahre 1859 bekennen: „Der gebildete Mensch soll nicht bloß seinen eigenen Leib kennen, weil eine solche Kenntnis zur Bildung gehört, sondern vielmehr deshalb, weil zuletzt die Vorstellung, die man sich von sich selbst macht, die Grundlage für alles weitere Denken über den Menschen wird". Virchow schließt daraus: „Verlegt man das Leben in die Seele und löst man schließlich, wie es jetzt gewöhnlich geschieht, die Seele gänzlich vom Leibe ab, so daß der letztere nur einer der Gegenstände wird, auf den die Seele wirkt, so wird der Leib etwas Niedriges, Gemeines, das so sehr als irgend möglich in den Hintergrund gedrängt werden muß, ja dessen Zerstörung erst die Befreiung der Psyche bedingt".

Im Grunde lag dem Arzt Virchow der Mensch in seiner Ganzheitlichkeit am Herzen. Die Medizin war für ihn nichts weniger als die Wissenschaft vom Menschen, und er benannte sie auch so als „Anthropologie im weitesten Sinne". Er war besessen von der

Grundidee, daß, wenn es überhaupt möglich sei, das Menschengeschlecht zu veredeln, die Mittel zur Humanisierung nur der Medizin in die Hand gegeben werden könne. Aber nicht nur den leibhaften Organismus wollte er erfassen, sondern auch die Organismen höherer Natur, die Gesellschaft und die Kultur. Virchow glaubte bemerkt zu haben, daß sich ein Phänomen wie die Individualität nicht übertragen ließe auf rein körperliche Verhältnisse; er schlug daher vor, lieber von der „gesellschaftlichen Natur der Organismen" - und damit auch des Menschen in seiner Leiblichkeit – zu sprechen.

Einen besonders eigenwilligen Weg im Leib-Seele-Konflikt ist der russische Physiologe Iwan Petrowitsch Pawlow (1849-1936) gegangen. Auch für ihn war der Organismus zunächst ein in sich geschlossenes Ganzes, das aber ganz und gar als Mechanismus aufgefaßt werden müsse, als „eine Art Maschine", an der kein irgendwie „innewohnendes Geheimnis" mehr geduldet werden könne. Der endgültige Sieg der Medizin – so Pawlow (1899) - sei daher „nur mit Hilfe des Experiments im Laboratorium möglich".

Bei seinen Untersuchungen über das Wesen der Verdauung war Pawlow zu ganz neuen und überraschenden Erkenntnissen über die Leistungen des Zentralnervensystems insgesamt gekommen. Denn nicht nur die Dinge der Außenwelt signalisieren uns ständig etwas, sondern auch die „inneren Sinnesorgane". Unaufhörlich sendet das „innere Milieu" seine Reize und signalisiert damit dem Großhirn, in welchem beide Reizungen ihre „großartige Vertretung finden, so daß äußeres und inneres Milieu zu einer organischen Einheit kommen".

Auch die „höhere Nerventätigkeit", die Pawlow früher „psychische Tätigkeit" genannt hatte, ließe sich demnach einzig und allein aus der „Physiologie des Nervensystems" verstehen. Hier würden sich die so höchst komplizierten Beziehungen des Organismus zur Außenwelt realiter ereignen. Sie stiften – nach Pawlow – ein „zweites Ordnungssystem" und garantieren die „Herstellung des Gleichgewichtes mit der Außenwelt". Angesichts dieses Gleichgewichtssystems von Welt und Mensch ließ Pawlow sich zu der Prophezeiung hinreißen: „Die Zeit wird kommen, wo die mathematische Analyse, gestützt auf die naturwissenschaftlichen Formeln, alle diese Gleichgewichtseinstellungen erfassen und schließlich auch sich selbst mit einschließen wird".

Die modernen Neurophysiologen haben uns aber auch deutlich gemacht, daß es eine zentrale Instanz im Gehirn – ein sog. „Homunculus" – nicht geben kann. Wir kennen lediglich Kontrollprozesse, die in komplexer reziproker Verbindung miteinander stehen. Ob das allerdings schon das „Selbst" ist – oder gar „mein Ich" - , das kann tunlichst bezweifelt werden. Was man findet, ist lediglich ein „parallel verschaltetes Gehirn", in welchem getrennt für sich arbeitende Prozessoren temporär miteinander Verbindungen aufnehmen (Rager (2000)22). Mehr nicht!

Die moderne Hirnforschung vermag nicht – und wird es auch nie - zu erklären, wie das „Selbst" um sich selbst weiß. Die Vorstellung eines bewußten Selbst aus den neuronalen Strukturen und Prozessen ist nicht möglich. Das „Selbst" (Ich) ist nicht aus der Organisation des Gehirns ableitbar; es bedarf offensichtlich eines sozialen und kulturellen Kontextes. Erst unter diesem höheren Aspekt ließen sich Phänomene wie „Selbst, Bewußtsein, Ich" erläutern.

Für unsere Thematik wäre daraus der Schluß zu ziehen: „Da die Leiblichkeit unseres praktischen Seins zu unseren konstitutiven Handlungsbedingungen zählt, bleibt ihr die Flucht in eine prinzipielle Dichotomie zwischen Leib und Seele, Materie und Geist versagt" (Rager (2000) 286). Auch der „Geist" ist nicht denkbar ohne eine Form der Verkörperung. Was wir von der Wirklichkeit wissen, erfahren wir durch die Tätigkeit unseres Leibes da draußen in der Welt. Wir werden aber auch zu der Erkenntnis veranlaßt, daß ein „Geist" als solcher sich jeder physikalischen Erklärung entzieht.

Mit seinem Beitrag „Leiberfahrung und Objektivierbarkeit" hat der Heidelberger Philosoph Hans-Georg Gadamer (1986) sehr energisch die „Untrennbarkeit von Leib und Leben" betont und dabei die erstaunliche Bemerkung gemacht: „Man sollte sich sogar fragen, ob es überhaupt die Frage nach der Seele gäbe und ein Reden von der Seele, wenn nicht der Leib in seiner Lebendigkeit und in seinem Zerfall erfahren würde". Gadamer beruft sich an dieser Stelle auf Aristoteles, der ebenso der resoluten Meinung gewesen sei, „die Seele sei überhaupt nichts anderes als die Lebendigkeit", als das Leben des Leibes.

Angesichts des „Rätsels der Leiblichkeit" stellt Gadamer sich aber auch die Frage: „Was ist das eigentlich mit der Möglichkeit, den Leib als Leib überhaupt zu gewahren und den Leib als Leib zu behandeln?" Und weiter: „Was ist unser Ort im Ganzen des Seienden?" Was also ist Leib in der Welt? Und die weitere Frage: „Wie geht unsere Leiblichkeit mit dem rätselhaften Phänomen des denkenden Bewußtseins zusammen, das sich von aller Leibgebundenheit und Zeitgebundenheit unabhängig immer weiter ins Unbestimmte hinausdenkend und weiterdenkend verliert?" Rätsel über Rätsel!

In seinem Hauptwerk „Wahrheit und Methode" hatte Gadamer unter „Lebenswelt" jenes Ganze aufgefaßt, „in das wir als geschichtlich Lebende hineinleben". In einer solchen Perspektive aber ist Lebenswelt „immer zugleich eine gemeinschaftliche Welt", eine Welt, die „das Mitsein anderer" immer mit enthält.

Angesichts all dieser in der Schwebe liegenden Fragen, aber auch einleuchtenden Lösungsansätzen hätte ich denn auch allzugern diesen meinen historischen Studien zur Leiblichkeit den plakativen Titel gegeben:

Mein Leib
- unsere Welt!

Dritter Teil

Die Welt im Spiegel des Leibes

Vorbemerkung

Unser historisches Panorama hat uns deutlich machen können, wie sehr unser Leib wirkt und schafft inmitten einer Umwelt, auf die er ständig Einwirkungen ausübt wie er auch stetig Einwirkungen erfährt, sein Leben lang. Denn das, was da leibhaftig erscheint, ist ja das „phainomenon" selbst! Was sich uns am Leibe anbietet, ist eben kein bloßer Schein, sondern das konkrete Deutlichwerden von etwas sehr Realem, ist ein Verständlichmachen von Wirklichkeit. Von Eindrücken reden kann man denn auch nur, wenn man die Oberfläche erfahren hat. An den Oberflächen geschieht uns alles, fassen wir unsere Erfahrungen. Da ist sie, da geht sie vonstatten, da trifft sie uns, die große leibhaftige Ansprache der Welt. Und so erscheint uns die Haut schon als Tor in die Welt und selbst eine Welt, mit Werkzeugen begabt, aus Werkzeugen bestehend, im Werkzeuge wirkend, das „soma organikon", wie Aristoteles es nannte, kein bloßes Organ eben, sondern eine ganze Welt, eine Welt auch gegen die Welt: Spiegel der Seele und Brücke zum All. Hier rühren wir wirklich an Welt, streifen das Universum, tangieren das All. Hier haben wir es in toto vor uns, in uns: das Organ des Kontaktes, Medium des Interesses, des leibhaftigen Betroffenseins.

Und so tritt sie uns denn auch vor Augen, die Haut, als Universalorgan, das „integumentum" der alten Ärzte: das ausgedehnteste Organ unseres Leibes, das am meisten exponierte auch, so labil wie stabil, so geschützt wie gefährdet, tausendfachen Noxen ausgesetzt, tausendfachem Nutzen zugänglich, ein unermeßliches Kaleidoskop auch pathogener Entgleisungen – und dann auch wiederum heilsamem Zugriff sich anbietend, einer so erstaunlichen Kultur der Haut, der immer wieder neuen Kultivierung des Leibes.

Ausgehend von der schon von Kant geforderten „Architektonik" der Leiblichkeit müssen wir nun aber auch die Welt des kranken Menschen, die Phänomene am Älterwerden des Leibes in Erfahrung bringen, um dann bei dem wieder auszukommen, wozu uns bereits das historische Panorama reichlich Anregungen und Anweisungen gab, bei der Kultur des Leibes.

1. Zur Architektonik der Leiblichkeit

Wir erleben den Leib als eine große Gestalt. Wir erfahren von seinen Gestaltungen und begegnen dem Leib als einer Liebesgestalt. Angesichts der Aktualität des Gestaltkreis-Denkens wäre es hoch an der Zeit, den wissenschaftshistorischen Hintergund dieses Gestalt-Kreises aufzuarbeiten, wobei wiederum Friedrich Nietzsche „am Leitfaden des Leibes" eine aufklärende Mittlerrolle spielen dürfte. So bedeutete für ihn „Bewegung" im Grunde die Übersetzung einer Welt von „Wirkungen" in eine sichtbare Welt, eine „Welt fürs Auge", eine „Wahrnehmung", so wenn er etwa die Hand betrachtet als „Fühler und Greifer zugleich". In einem solchen „Gestaltkreis" aber verhalten wir uns keineswegs passiv: „Wir sind nicht leidend bei den Einwirkungen anderer Dinge auf uns, sondern sofort stellen wir unsere Kraft dagegen. Die Dinge rühren unsere Saiten an, wir aber machen die Melodie daraus".

Die Welt des Tastens allein schon ist eine solche Melodie, die unaufhörlich zu uns zu sprechen scheint und uns eine ganze Welt eröffnet. Im Getaste habe ich das Ding da draußen und mich selber in einem begriffen. Vielleicht sprechen wir daher auch so völlig selbstverständlich von wahrnehmen und begreifen, von erfassen und einbilden, vom Tasten als dem Zugang zur Wirklichkeit.

Das Wort „tasten" kommt – wie uns Grimm´s Wörterbuch belehrt – aus dem italienischen „tastare", abgeleitet von „taxitare", einem Iterativum des lateinischen „taxare" gleich befühlen. Was ich befühlend berühre, das begreife ich auch, weil es mir Widerstand leistet und erhalte davon einen Begriff. Haben wir uns etwas wirklich angeeignet, einverleibt, dann haben wir es auch begriffen. Wir haben den Gegenstand da draußen gleichsam mit einem Griff umspannt, wenn wir etwas begriffen, kapiert haben. „Griff", das umschreibt rein akustisch schon das Zupacken mit kräftiger Faust, das feste Halten; Griff ist Begriff!

Der iterativen Tätigkeit der tastenden Hand entsprechen sodann auch die dynamischeren Momente in solchem Vorgehen wie Angriff und Eingriff und Zugriff, nicht zuletzt auch das Eingreifen als das Tun des Arztes mit seinem spezifischen Eingriff, der Behandlung.

Es wird nicht zuletzt die Sprache des kranken Leibes sein, die uns darauf verweist, da „Leib" kein Zu-Stand ist, sondern ein Vor-Gang. Unser Leib – als „ein der Welt offenes System" (Merleau-Ponty) – ist keineswegs den Gesetzen der Natur allein unterworfen; er ist nicht bloßes Produkt der Evolution, sondern eher der geistigen Geschichte. Er ist dem Wandel kultureller Lebensstile unterworfen wie auch der jeweiligen Stilisierung des konkreten Alltags. Leib ist eine große Weisheit und hat seine eigene Weisung. Nicht umsonst sind wir in der konkreten Atmosphäre des Alltags so vielschichtig ausgesetzt dem Fluidum von Licht und Luft, sind abhängig von Speise und Trank, unterworfen dem Rhythmus von Einsatz und Erholung, sind wachend wie schlafend eingeborgen in das kosmische Wechselspiel von Tag und Nacht. „Wir leben mit unserem Leib und durch unseren Leib", wie dies Victor Poucel in seinem „Plädoyer pour le corps" formuliert hat, „er ist unser erstes Universum". Das alles ist der menschliche Leib, von Natur aus angelegt auf Kultur und geordnet hin zur Gemeinschaft, als Zugang auf den anderen und in exemplarischer Weise auf das andere Geschlecht. Wenn daher von der Leiblichkeit als von einem Vor-Gang gesprochen wurde, dann gilt dies in erster Linie von der Geschlechtlichkeit, diesem wohl geheimnisvollsten Zu-Gang zu allen Gang-Arten des Leibes.

Der Geist des Menschen lebt ja – wie uns Martin Buber klarzumachen versucht hat – nicht im Ich, sondern zwischen Ich und Du. „Er ist nicht wie das Blut, das in uns kreist, sondern wie die Luft, die du atmest". Im Geiste lebt wirklich nur der, der seinem Du zu antworten vermag. In seinem weitverzweigten Lebenswerk hat Martin Buber immer wieder darauf hingewiesen, daß das Wesen der Humanität nur im „Zusammensein des Menschen mit dem anderen Menschen" zu sehen sei. Der Mensch wird dem Mensch erst richtig sichtbar als der andere, der einen etwas angeht, der auf einen hört, mit dem man redet und sich versteht.

Der Mensch, so Buber, ist dabei in seinem Innersten – „sagen wir volkstümlich, aber immerhin biblisch und auch deutlich: in seinem Herzen" – für einen anderen da, leistet ihm Beistand und folgt damit „dem Zug seines Herzens". Martin Buber spricht von der Freiheit des Herzens, die allein vermöge, gerne mit einem anderen beisammen zu sein. „In seinem freien Herzen erst ist der Mensch das, was er ist im Geheimnis der Begegnung mit dem Mitmenschen, in welcher ihm dieser willkommen, in welcher er gerne mit ihm zusammen ist". Der Ort aber, aus welchem die Mitmenschlichkeit keimt, wächst und zur Blüte gelangt, das ist seit jeher das Herz.

Der Leib als Liebesgestalt

Das Geschlecht des Menschen erscheint uns als ein anthropologisches Urgestein, ein Kriterium geradezu für die leibhaftige Einheitsidee unserer Existenz, das man hier einfach nicht trennen kann in die körperliche Vereinigung mit dem Partner und in ein seelisches Verhältnis zu einer anderen Person. Was, wenn der Leib nicht, wäre es hier, der – wie Freiherr von Gebsattel sagt - für jene Liebesgestalt zeugt, in der Eros und Sexus noch eins sind.

Das Geschlecht wird – wie wir wissen – erst im Laufe der Embryogenese und dann fortlaufend bis über die Pubertät hinaus ausgebildet. In diesem durchgehend zerebral gesteuerten Prozeß gibt es stagnierende Perioden, aber auch kritische umweltbedingte Phasen, von denen jede einzelne die spätere Entwicklung prägt. Daraus ergibt sich einerseits eine tiefgreifende biologische Verankerung, andererseits aber auch die enorme Formbarkeit durch Erziehung und Milieu. Gleichwohl wird es kaum möglich sein, beim Geschlechtsverhalten zu unterscheiden, was „biologisch vorgegeben" und was „kulturell aufgesetzt" ist. Die Sexualität ist bei aller Eingebundenheit in die biologischen Gegebenheiten ein anthropologisches Phänomen ersten Ranges, wobei es nicht um einzelne Organe, bestimmte Funktionen oder soziale Interessen geht, sondern um das Lebensinteresse des Menschen insgesamt. Und dies gilt für den Mann wie für die Frau!

Nun müssen wir zugeben, daß nahezu ein Jahrtausend lang für das christliche Abendland die Frau nur „das schwache Geschlecht" war, nichts anderes als ein zu kurz gekommener Mann (der „mas occasionatus" des heiligen Thomas), mehr noch „ein unvollkommenes Tier" (so im „Hexenhammer"), lediglich beschränkt auf ihr Geschlecht nach der Parole „tota mulier sexus". Und so sprach man denn auch einfach von „le sex", wenn man „die Frau" meinte. Es geht noch weiter in diesem absurden Panorama. Frauen seien keine Menschen heißt es im Frühfeld der Aufklärung, in einem Traktat des 17. Jahrhunderts, sondern eher Unkraut (mala herba). Es sei daher gegen Christi Gebot, die Weiber zu taufen (ut mulieres baptizentur). Und wenn wir hören: „Lasset die Kindlein zu mir kommen", dann seien damit natürlich nur die Knäblein gemeint.

War bei Platon und Aristoteles die Frau nur das Gefäß, in das der Mann seinen Samen legt, so wird bei den Pythagoräern die geschlechtliche Vereinigung als solche verabscheut, als eine Befleckung, die Entsühnung erforderlich macht. Auch das offizielle Christentum hat in seinen ersten Jahrhunderten bereits entscheidende Züge seines biblischen Menschenbildes aufgegeben, um sich mit spätantiken gnostischen Weltbildern zu bereichern und zu belasten. Man erhält oft den Eindruck, als habe sich eher das dualistische und damit häretische Denken durchgesetzt. Nur auf dieser historischen Schiene konnte es dazu kommen, daß ausgerechnet das Christentum zu einer „Religion der Geschlechtsangst" wurde (wie Friedrich Heer dies (1979) formuliert hat), daß das Christentum – so Friedrich Nietzsche – ersticken konnte am Gifte des Platonismus.

Der Mensch hat jetzt – so schon in Platons „Phaidon"- zu herrschen über seine Begierde, um die Windstille der Seele (galene) zu erreichen. Zu heillosen Seeräubern sind die Lüste geworden, die den

Menschen fangen, um ihn in ihrem Meere ertrinken zu lassen (so in einem Spruch des Pseudo-Epicharm). Persische Gnostik strömt ein, wonach der Fürst der Finsternis ein schönes Weib erschuf, damit die Lichtnatur nicht siege: Das Weib sollte von nun an die sinnliche Begierde fixieren, die bei der Zeugung dann übergehe als Erbsünde auf die Kinder. Selbst ein Martin Luther konnte noch schwärmen von der heiligen Paradieses-Ehe und zeigte sich entsetzt vor dem jetzigen Akt in „epileptischer, apoplektischer Lust". Nur so konnte die Ehe gedacht werden als Medizin gegen die Sünde und wurde dementsprechend dann auch geschluckt als mehr oder minder bittere Arznei.

Demgegenüber konnte der griechische Kirchenvater Basileios noch in erfrischender Eindeutigkeit schreiben: „Die Frau besitzt nicht weniger als der Mann den Vorzug, leibhaftig nach Gottes Bild geschaffen zu sein. Und so haben beide Geschlechter die gleiche Würde, beide die gleiche Tugend. Beiden ist versprochen die gleiche Belohnung, beiden in Aussicht gestellt die nämliche Auferstehung im Fleische". Er wird auferstehen, der Mensch, „in integritate membrorum et cum sexu", so auch die heilige Hildegard von Bingen.

Des Menschen Leiblichkeit erscheint aber auch „in sexu" ganz und gar durchgeistigt. Grad und Art der Geschlechtlichkeit reicht – so Nietzsche – bis in die höchsten Gipfel des Geistes. „Et in lumbis rationalitas floret", schreibt Hildegard. Hier im Geschlecht, da kommt er zu seiner schönsten Blüte, der Geist. Aller Stoff gewinnt hier Sinn. Gott ist gleichsam eingetaucht in die Stofflichkeit, wie es bei Teilhard de Chardin heißt, in seiner „Hymne auf die Materie". Die Erde ist endgültig eingekreist vom Geiste, wird „durchgeistete Natur". Gott schuf diese Dichtigkeit der Materialität, um darin Grund zu finden für den Logos. Im Leib wird der Kosmos heimgeholt: „anakephaleiosis" als Vollendung des Stoff-Wechsels. Das ganz Konkrete hat und erhält Sinn.

Leibhaftige Geschlechtlichkeit ist demnach keine Eigenschaft oder Fähigkeit neben anderen; sie ist unser Wesen. Wir sind Mann oder

Frau! Sexualität erweist sich als ein ganz zentrales anthropologisches Thema, in das sich alle physiologischen und psychologischen, alle pathologischen und therapeutischen Aspekte, und damit auch die normativen Kriterien, einordnen lassen. Hier handelt es sich um ein Urphänomen, das aufs Ganze geht. In ihr kommt – wie Gebsattel das nannte – eine „Liebesgestalt" leibhaftig zum Ausdruck. Und so ist es kein Wunder, daß man sich selber in seiner Leibhaftigkeit nie ganz und gar erkennen kann, weder als Mann noch als Frau, wohl aber in Korrespondenz und Konkordanz mit dem anderen, der also anders ist und anders lebt und auch etwas anderes liebt als sich selbst, nämlich ein Du.

Die wohl konsequenteste Architektonik des Leibes aber finden wir nicht in der modernen Medizin in Bewegung, sondern in einem Traktat des hohen Mittelalters, und dies ausgerechnet bei einer Frau, der heiligen Hildegard von Bingen, wenn sie am Schluß ihrer Exegese des Johannes-Prologs („daß das Wort ist Fleisch geworden") bekundet: „Und so sind denn Leib und Seele bei all ihren verschiedenen Aspekten doch nur ein Werk (unum opus), eine einzige Wirklichkeit. Denn wo wir auch den Menschen antreffen, innen oder außen, von unten auf oder von oben her, immer und überall ist er Leib (corpus ubique), Leib ganz und gar". Hildegard schließt diesen erstaunlichen Passus mit einem energischen: „ Et hoc modo est homo" – so ist er, der Mensch. Und so ist es!

Diese Philosophie des Leibes greift aber noch weiter. Denn dieses so leibhaftige „opus" sieht die Seherin Hildegardis sich nun entfalten in drei überaus kühn gespannten Dimensionen, nämlich erstens im Verhältnis von Mann und Frau, die ein „opus alterum per alterum" sind, wo einer sich am und mit dem anderen ins Werk setzt und leibhaftig verwirklicht (Leib ist in der Tat ein Beziehungs-System), zweitens in unserem Auftrag an der Welt da draußen, dem „opus cum creatura" (und nicht etwa, um das Heil der Seele zu wirken) und drittens im „opus Dei", im Wissen um unsere Geschöpflichkeit und in unserer Hoffnung auf Heilung und Heil.

Damit aber wird der Leib nicht nur zum wesentlichen Organ unseres Daseins, sondern auch des Mitseins, mehr noch: des Miteinanderseins. Der Leib – selbstverfügend als Person – wird sozialpflichtig in seinem Auftrag für die Welt. Immer ist und bleibt der Leib aber auch der Ort unserer Auseinandersetzung mit Welt. Haben wir doch im Leibe das Leben selber, sein Wachsen und Verkümmern, seine Bedrohung und Erwartung, unabdingbar und unmittelbar in uns.

Leib - das ist ein gewaltiger Endokosmos konkreter Organisation, der in seiner Komplexität um nichts nachsteht den galaktischen Systemen eines Makrokosmos. Er ist allerdings auch ein Mesokosmos nur, der sich – bedingt durch die erschreckend schmale Leistung unserer Sinnesorgane – immer nur erstreckt auf den Bereich der mittleren Dimensionen: unsere kleine Welt eben zwischen dem Kosmischen und dem Subatomaren, ein Ausschnitt immer nur aus der Fülle der Möglichkeiten, ein Schatz aber auch an Wirklichkeit, an so wunderbarer Wirklichkeit.

Was aber den „Verächter des Leibes" angeht, so hat ihn uns der große spanische Dichter Cervantes besonders eindrucksvoll beschrieben am „gläsernen Menschen", der sich seines niedrigen Partners schämt und der nicht mehr wußte und wollte, daß der Leib sei der Grund unserer Geschöpflichkeit. Von einem demütigen Mönch geheilt, weiß er, der gläserne Mensch, nun nicht mehr zu leben und stürzt sich – wie Cervantes berichtet – in das Kriegsgetümmel des flandrischen Aufstandes, allein noch vertrauend auf die Kraft des Geistes. Und splittert – so der Dichter – in die Helle des Lichts!

Wir brauchen ihn, wir brauchen ihn einfach, den Leib, solange wir selber es sind.

2. Der kranke und der alternde Leib

Soweit einige architektonische Ansätze zu einer Philosophie des Leibes. Aber wir sollten noch einen Schritt weiter gehen, um das Leibhaftige unserer Existenz voll und ganz in Erfahrung zu bringen, und das wäre der kranke Leib. Was nämlich die moderne Medizin in erster Linie in Bewegung gebracht hat, das ist die Einsicht in die pathische Dimension leibhaftiger Existenz, wie sie exemplarisch im Kranksein zum Ausdruck kommt.

Es gehört offensichtlich zu einer leibhaftigen Erfahrung von Wirklichkeit, daß der Mensch zu allen Zeiten seine ihm zugemessene Frist zwischen Geburt und Tod als Krisis verstanden und akzeptiert hat. Der Mensch war immer ein Mängelwesen, „natura pathologica", zum Umfallen geboren, wie Paracelsus sagt, koexistent mit dem Tode, mitten im Leben vom Tode umfangen, geworfen in ein „Sich-Selbst-vorweg-Sein zum Tode", wie Martin Heidegger dies formuliert hat, wenn er sagt: „Der Tod ist eine Weise zu sein, die das Dasein übernimmt, sobald es ist". Alles in allem ist es dieses pathische Betroffensein, das sich in allen Erfahrungen mit Krankheit widerspiegelt. Das gehört einfach zum „logos" von „pathos"!

In seinen autobiographischen Schriften etwa versteht der Arzt und Philosoph Karl Jaspers die Krankheit seines Lebens als das Schicksal seiner Existenz. Es gibt einfach Situationen, schreibt Jaspers, über die wir nicht hinaus können. Die pathische Situation ist denn auch die Situation des Menschen schlechthin. Gehört doch zu einer normalen Existenz bereits unsere pathische Grundstruktur, diese leidige Grundsuppe des Daseins. Wer gesund stirbt, hat nie gelebt.

Erfahrung von Wirklichkeit geschieht denn auch nicht nur im aktiven Unternehmen, sondern mehr noch im passiven Vernehmen. Erfahrung von Leid gehört zur Realität: Wir müssen affiziert werden, sollen betroffen sein, um die Dinge so zu schmecken, wie sie wirklich sind. Wir müssen sie aufspüren, entdecken, um sie zu begreifen und uns anzueignen. Das erst macht uns zu einem vernünftigen Wesen, zum „homo sapiens". „Mit etwas – so Heidegger, 1965 - sei es ein Ding, ein Mensch, ein Gott, eine Erfahrung machen, heißt, daß es uns widerfährt, daß es uns trifft, über uns kommt, uns umwirft und verwandelt". So war auch Goethe der resoluten Meinung, daß – so 1805 zu Riemer – „gewisse Operationen des Geistes" nicht anders gelingen könnten „als bei einer zarten Organisation". Wie aber gerade Krankheit „Bedingung gewisser Leistungen" sein kann, das kann man bei Karl Jaspers nachlesen (in seiner „Psychopathologie", Seite 7).

Mit dem Pathos kommt uns eine ganze weitere Welt zu Bewußtsein, die sich abermals in der Sprache des Leibes zu spiegeln weiß. Jede Berührung bereits ist geheimnisvoll, eine gegenständliche Bewegung, bei der man einfach nicht mehr unterscheiden kann zwischen Objekt und Subjekt. Zwischen Hand und Gegenstand liegt ein Medium, das unser Interesse (inter esse) gefunden hat, ohne daß wir sagen könnten, wo es angefangen hat. Auch und gerade hier ist der Leib mehr lebendiger Vorgang als starre Körperlichkeit. „Der Körper ist offenbar etwas Flüchtiges (schreibt Gottfried Benn (1931) 814), nicht der chemisch-physikalische Morast des 19. Jahrhunderts mit den Absätzen des Positivismus im Gesicht, sondern er ist nichts wie ein inneres Prinzip, und wenn man daran rührt, bewegt sich alles".

Was mich handfest berührt, das macht mich auch betroffen, affiziert mich, alteriert mich. Es ergreift mich, hat mich gepackt, läßt nicht mehr los, geht mir durch und durch, weil es mich betrifft, mich ganz und gar. Be-greifen kann man nur, was im Bereich des Pathischen liegt. Eindruck und Ausdruck, sie spielen auf diesen erregenden Feldern der Leiblichkeit: alles Scheinen und jede Erscheinung, und im Aufscheinen auch alles Betroffensein, das sich immer wieder in der Sprache meldet.

Da findet man seit den ältesten Zeiten die Metapher: Der Schmerz befällt den Menschen, packt ihn, erwischt uns, kommt und geht, verläuft und kommt wieder. Da schlägt einem das Herz bis zum Halse, überschlägt sich, sticht, bohrt, hämmert. Die Beine werden schwer wie Blei, die Zunge liegt wie ein Kloß im Mund, der Druck klemmt sich wie ein Reifen um die Brust. Man fühlt sich gerädert, liegt wie tot da, einfach abgeschlagen.

Es ist sicherlich kein Zufall, daß dieses Rätselhafte gerade um den Schmerz schon in der Alltagssprache zu Wort kommt. Schon das Wort „erleiden" – im Altdeutschen „lidan" – bedeutet gehen und damit fortgehen, meint ein Erfahren und Widerfahren und damit auch Erdulden. Wir sprechen von der Pein und vom Gram, von Kummer und vom Verkümmern. Wir reden vom „Schwert der Schmerzen", ja, wir kennen einen eigenen „Organdialekt", eine ganze „Schmerzsprache".

Die Krankheit ergreift ja einen nun wirklich leibhaft, sie packt, sticht, reißt, schüttelt, streckt hin, verfolgt. Sie bricht aus, steigt auf, schlägt aus. Daher die alten Metaphern von Schlag, Sturz, Krampf, Schwindel oder auch „fallende Sucht" – und das geht hin bis zu jener sicherlich merkwürdigen Klage: „Mein Bein tut mir weh", wobei man sich unwillkürlich fragt: Ja, wer wohl wem was? Wenn das keine Metaphysik ist!

Im kranken Leib wird uns denn auch das „pathema" unserer Existenz besonders deutlich und deutbar. Bestimmte Organe geben Laut, melden sich zu Wort. Nicht von ungefähr hat Viktor von Weizsäcker gesprochen vom „Mitreden des Körpers im Lebensdrama" (IX, 567). Der kranke Mensch lernt nach und nach, die Körpersprache seines Leibes, den Dialekt seiner Organe zu verstehen. Er begreift, wie jeweils der Magen sich äußert, wenn er knurrt, was die Galle zu vermelden hat, die so leicht überschäumt, wie das Herz lauter pocht, der Bauch spricht, Leber und Lunge, der ganze Mensch eben. Friedrich Schiller verdanken wir die schöne Beobachtung (aus seiner medizinischen Dissertation des Jahres 1780), daß Krankheit, die aus der „Ökonomie des Unterleibs" hervorgeht, sich mit einer „Revolution im Charakter" ankündigt.

Die Organprozesse am Leibe scheinen eine spezifische „psychische" Valenz zu besitzen. Das Herz spiegelt Angst, die Galle den Ärger, der Magen Habgier, der Darm den Geiz, der nicht losläßt. Das vegetative System bildet dabei das Prinzip der Regulation und vermittelt eine „Stimmung", die immer körperlich und seelisch zugleich in Erscheinung tritt. Wir erkranken immer leibhaftig, was auch dort gilt, wo von „seelischen Störungen" die Rede ist oder gar von „Geisteskrankheiten".

Unter dem Stichwort „Wohlbefinden und Mißbefinden" hat der Heidelberger Kliniker Herbert Plügge versucht, die tausendfältigen Erscheinungen, wie sie in der „Welt des Leiblichen" zu entdecken sind, in Erfahrung bringen. Der Leib und seine Welt bildet ein System von Bedeutungen; es geht hier nicht mehr um Befunde, sondern um Befindlichkeit, um jene Situation eben, in welcher der Kranke „sich befindet". Der Spannungsverlust der Muskulatur etwa ist ein Zeichen für die zunehmende Distanzierung zur Außenwelt. Der Verlust der Haltung „zeugt" davon, daß die Welt den Kranken immer weniger beansprucht. Das Fehlen des Glanzes der Haut „entspricht" der allmählichen Verwandlung des Leibes zur Hülle.

Auf der anderen Seite erfährt der Kranke kaum etwas von dem, was sich an dramatischem Geschehen täglich und stündlich in seinem eigenen Organismus abspielt: alle die tausendfältigen Umbauprozesse bei entzündlichen Vorgängen, die ständigen Aufbauprozesse im hämopoetischen Apparat, die Bildung von Schutzstoffen, ja ganzer Reparatursysteme, jede Sekunde neu, die Auflösung schließlich der Lebenskräfte, die wiederum eigenständige Ablebensprozesse in Gang setzen. Die moderne Molekularbiologie hat uns gezeigt, daß die Natur die Leistung der zellulären Systeme so effizient wie möglich zu halten sucht durch ständigen Abbau und Umbau der Proteine und durch sorgfältige Auslese funktionstüchtiger Proteine – jede Sekunde neu!

Aber es entstehen nicht nur ständig neue Zellen. Überflüssige, schädliche und fehlkonstruierte Zellen müssen auch zerstört und entsorgt werden, ebenso solche, welche ihre Aufgaben erfüllt haben. Wir sprechen von einem „programmierten Zelltod", von einer „Apoptose", welche Signale in Gang setzt, die der Zelle befehlen, „Selbstmord" zu begehen. Die Zelle zerbröckelt gleichsam in „apoptoische Körperchen", die dann unauffällig, ohne jedwede entzündliche Reaktion, beseitigt werden.

Alle diese so höchst komplexen Funktionen, sie sind uns in der unbegreiflichen Dichtigkeit eines sich stetig konkretisierenden Endokosmos buchstäblich auf den Leib geschrieben und in die Haut gebrannt. Selbst unter dem Panzer des Todes, gebildet von der Schicht der verhornten Epithelzellen unserer Haut, läuft im stetigen Wechsel und in gesetzmäßigen Schüben ein wundersamer Prozeß ständiger Häutung ab. Und wenn wir auch nicht – wie die Schlange – ganz und gar aus der Haut zu fahren vermögen (wiewohl uns gelegentlich danach ist), so unterliegen wir doch lebenslänglich diesem Gefälle des Verwitterns, Abschilferns, Ablegens, Enthäutens.

Alle „Schönheit des Leibes" aber, sie wollte Nietzsche als äußerst relativ ansehen. Denn was finden wir zu unserem Entsetzen dahinter, darunter, unter dieser schönen Fläche der Haut? Nichts als „das ästhetisch Beleidigende", nichts als blutige Massen, Kotgedärme, Eingeweide, alle jene saugenden, pumpenden Untiere, formlos oder häßlich oder grotesk" (KSA 19, 292). In „Joseph und seine Brüder" läßt Thomas Mann den Führer „Hermes" zu Joseph wie folgt sprechen: „Solche Geschöpfe wie du sind nichts als ein flüchtig gleißender Betrug über den inneren Greuel alles Fleisches unter der Oberfläche. Ich sage nicht, daß auch nur diese Haut und Hülle vom Appetitlichsten wäre mit ihren dünstenden Poren und Schweißhaaren. Aber ritze sie nur ein wenig, und die salzige Brühe geht frevelrot hervor, und weiter innen wird's immer greulicher und ist eitel Gekröse und Gestank".

Der ästhetische Mensch kann hier nur reagieren mit einem lauten „Nein" – mehr noch: „Das Häßliche wirkt depressiv; es ist der Ausdruck einer Depression. Es nimmt die Kraft, es verarmt, es drückt". Wahrlich – so Nietzsche – auch darin gleicht die Welt einem Menschen, daß sie einen Hintern hat, die „Dame Welt", an gotischen Kathedralen etwa, mit der gräßlichen Kehrseite ihrer „vanitas vanitatum".

Nichts könnte uns aber auch ein feineres Porträt des kranken Menschen liefern, als wenn wir sein Bild einmal nachzeichnen würden im Spiegel der Sprache, seiner eigenen leidenden Sprechweise, die sich in unseren Tagen so auffällig verändert. Klagten die Patienten früher über Ausschlag und Umlauf, über Fallsucht und Influenza, daß da etwas nach innen geschlagen sei oder das Zeug, die „materia peccans", raus müsse, so benutzen sie heute immer exakter das Vokabular der Autoreparaturwerkstätte und sprechen vom Defekt und der Betriebsstörung, von der Pumpe und dem Getriebe, von Überholung und Reparatur. Da soll denn etwas nachgefüllt oder ausgewechselt werden, damit man wieder besser spuren und voll auf Touren kommen kann, damit die Pumpe es wieder tut oder die Drüsen richtig arbeiten. Und auch der Arzt fühlt sich dann wohl in der Rolle eines Kundendienstmechanikers, der auf Verlangen des Patienten den Organismus „durchcheckt" und dabei, wenn er nur so richtig mal unter die Haube geschaut hat oder unter die Haut, Art und Sitz des Schadens schon feststellt, um ihn dann rein mechanisch zu beseitigen.

Nun ist die „eigentliche Krankengeschichte" – wie Viktor von Weizsäcker gesagt hat (VI, 61) – immer auch ein „Stück Lebensgeschichte", besser noch: Krank-geworden-sein erscheint „als Übergang, Gelenk oder Nahtstelle zweier Lebensabschnitte, als Krise" (VI, 413). Die kritische Analyse der Lebensgeschichte des Kranken zeigt uns aber auch, daß es bei der Erkrankung nicht um Psychisches oder Somatisches geht, sondern immer um den Leib selbst. Zu behandeln ist daher auch nicht der versehrte Körper oder die gekränkte Seele, sondern der ganze Mensch in seiner vollen Leiblichkeit.

In seiner „Dogmatik" hat diese Situation Karl Barth einmal sehr energisch zum Ausdruck gebracht, wenn er schreibt: Der Mensch habe nicht ein bestimmtes Leibesleben, „hier in intakten, dort in gestörten Funktionen", „und dann in irgendeinem Oberstübchen auch noch ein Seelenleben". Es gehe vielmehr um die Geschichte seines leibhaftigen Lebens, „um seine eigene Geschichte und so um ihn selbst".

Gleichwohl kommt gerade der Arzt bei seinen Besinnungen über die Leiblichkeit nicht umhin, auch auf die Kehrseite der gleichen Medaille einen kritischen Blick zu werfen. Ich erinnere mich noch gut, wie ich kurz nach dem Kriege, noch vor dem Physikum, angefangen habe, enthusiastische „Oden an den Leib" zu schreiben. Bald aber klang das – nun schon im Klinikum – „Wider den Leib", kam ein trotziges „Plädoyer contre le corps". Da käme denn auch all unsere Verdrossenheit am Leibe zur Sprache, all das Beschwerliche und Beschämende in und an unserem Körper, all das Lästige und Lüsterne, aller Schmerz auch, dieser „bellende Wachhund" des Leibes, des „Leibes Müdigkeit", von der man in Kierkegaards Tagebüchern lesen kann. Mit erschreckenden Bildern hatte Paracelsus hingewiesen auf diesen so „hinfälligen Leib", „zum Umfallen geboren", verwitternd in der Zeit, „die da ursachet die Fäule in allen den Dingen". Und ewig dieses „tempus est causa corruptionis", das schon bei Petrus Hispanus, dem Arzt im Purpur, aufgeklungen war. „Einmal – sagt Paracelsus von diesem armseligen Leibe – sind wir geschnitzlet von Gott und übermalt mit dem Leben, und mit einem Lumpen ist es alles wieder aus".

Das alles wird uns besonders deutlich, wenn wir es an einem der zentralen Organe unseres Leibes betrachten, am Herzen, das immer Herzstück und Sinnbild zugleich ist. Und auch hier hilft uns der Volksmund weiter, der Sprachschatz des Volkes. Im Leiden jeder Art, da beginnt das arme liebe Herz ja laut zu werden, macht sich bemerkbar. Es stößt dann, das Herz, schlägt und schwillt, es bebt und schmachtet. Es beklemmt die Brust, als würde es zerreißen, im Leibe zerbrechen. Es wird gleichsam abgenagt, abgefressen vom Leibe. Es soll sich lösen aus der Brust, fährt in die Kehle, fällt in die Hose.

In einer solchen Lage erst erfährt man dann sehr konkret, wie es einem ums Herz ist. Gibt es doch Zustände, die einem nun wirklich zu Herzen gehen. Oft genug fällt auch etwas schwer aufs Herz. Eine Last liegt auf dem Herzen. Das Herz ergießt sich dann, man schüttet es aus, das liebe Herz. Das Herz erkaltet schließlich im Leibe. Der Mensch stirbt, wenn der Tod ihm ans Herz tritt, so in Schillers „Wilhelm Tell", wo es heißt: „Sieh´, wie er bleich wird – jetzt, jetzt tritt der Tod ihm an das Herz – die Augen sind gebrochen".

Aus dem Alten Testament wird uns über die Kirchenväter bis hinein in die mittelalterliche Scholastik die „sklerokardia" überliefert, die Herzenshärte, eine „duricordia", jene Hartherzigkeit, für welche im Alten Bunde der Pharao zum Symbol wurde. Den Kindern Israels aber weiß der Prophet Ezechiel (11,19) zu verkünden: „Ich werde entfernen das Herz von Stein aus ihrem Leibe und ihnen geben ein Herz von Fleisch". Als das Laster der Zeit erscheint im hohen Mittelalter die Sklerokardie. „Die Herzenshärte – klagt Hildegard von Bingen – ist unter allen Übeln das Schlimmste, weil sie keine Rücksicht nimmt und keinem Barmherzigkeit erweist. Sie freut sich nicht mit anderen und berät nicht den anderen. Sie bleibt in allem einfach hart". Ihr aber antwortet dann die „misericordia" als „ein überaus heilsames Heilkraut" und spricht: „Übervoll ist mein Herz, einem jedem Hilfe zu schenken. Eine Salbe bin ich für jeden Schmerz, und meine Rede tut wohl".

Letzten Endes aber erkrankt das Herz immer am Rhythmus des eigenen Leibes und Erleidens. Richard Siebeck kommt zu dem Schluß: „Das Herz ist nicht nur ein zentrales Organ unseres Lebens, es ist unser Herz; wir haben und sind zugleich unser Herz, und wir sind es nicht nur in den natürlichen Bedingungen in uns und um uns, sondern auch verflochten in das Netz der unsichtbaren Fäden, im Geheimnis der Schöpfung, die uns hält, trägt und ruft". Es ist unser Herz, das uns etwas zu sagen hat, das je spezifisch seine Klagen vorbringt, dem wir Rede und Antwort zu stehen haben. „Jetzt erst tritt das Herz als sprechender innerer Teil auf den Plan, als klopfendes, drückendes, eingeengtes Etwas", schreibt Herbert Plügge (1967), um daraus zu schließen: „Jetzt bemerkt der Mensch, daß er ein Inneres hat, das zu ihm in einer oft klaren, oft aber auch unheimlich unverständlichen Sprache spricht, ihn fesselt und ihm den Weg in die Freiheit verbaut".

Wie man aus allen Beobachtungen und Bemerkungen der Ärzte und Philosophen ersehen mag: Krankwerden ohne Leib ist einfach nicht denkbar. Krankheit kann – so Michel Foucault (1996) - ihre „wesentlichen Koordinaten" in der wissenschaftlichen Systematik haben, „ihre sinnliche Erscheinung" indessen hat sie im und am Leibe. Heinrich Heine ist noch einen Schritt weiter gegangen, wenn er bemerkt: „Nur der kranke Mensch ist ein Mensch, seine Glieder haben eine Leidensgeschichte, sie sind durchgeistet".

Bei allen Umrissen einer Philosophie des Leibes bleibt angesichts dieses „pathema" gleichwohl ein leidiger Riß – der Leib, sein Wesen, seine Wirklichkeit – welch ein Rätsel! Mit dem Alter vor allem wird uns dieses Ausgeliefertsein an den Leib deutlicher, von Jahr zu Jahr, und damit auch das Ausgeliefertsein an die Zeit, im Gange leibhaftiger Vergänglichkeit. Im Krankgewordensein wie im Alter kündigt sich der Leib als „etwas" an, das man nicht mehr selbstverständlich „ist", sondern was man auch „hat", als Last und Bürde und Bedrohung.

Vom „Humiden im Geistigen" hatte Ernst Jünger gesprochen. Wir stehen einfach im Saft! Und wie steht das bei Nietzsche? „Es ist der Honig in meinen Adern, der mein Blut dicker und auch meine Seele stiller macht" (II, 478). Wir werden aber auch mit der Zeit öliger – so Novalis - als Zeit-Naturen, mit jenem Öl im Körper des Geistes, mit dem das Leben brennt, um sich geistig zu verzehren.

Hier bekäme dann auch das schöne Bild des „Lassens" wieder eine neue Bedeutung, jenes Loslassen, das in der abendländischen Mystik seine große Rolle gespielt hat und das uns bei Martin Heidegger wieder begegnet als „Gelassenheit", gehaltene Gelassenheit und damit auch gelassene Gehaltenheit.

Der alternde Leib

Da der „Leib" letztlich nur von der Zeit her zu verstehen ist, erscheint uns vor allem der alternde Leib als ein Sein in der Zeit und weist uns hin auf des Lebens Gang und Vergänglichkeit. Ist unser Leben doch im Grunde ein „Sich-leiben", auch ein „Sich-ausleiben". Gerade hier aber, im Älterwerden, da wird es besonders dramatisch, das alte Schauspiel zwischen Leib-sein und Körper-haben. Bei jeder leibhaften Begegnung mit der Welt, da steht er dann auch einem einfach im Wege, der alt gewordene Leib, der immer älter werdende.

Mit wachsendem Alter nimmt die körperliche Last zu, beginnt einem der Leib lästig zu werden. Er kommt uns gleichsam näher, der Leib, wird hautnah spürbar. Er meldet sich häufiger, wird impertinenter, schickt uns Signale, ganz natürliche Abnutzungssignale. Alter und Krankheit konsumieren gewissermaßen den Leib, der zu einem lästigen Partner wird und den man doch zu ertragen hat, solange es irgend noch geht.

Die Lamentatio beginnt bereits im Alten Ägypten und zieht sich durch die Jahrhunderte und reicht bis in unsere Tage. Vor mehr als 3000 Jahren schon konnte man die Klagen des Ptahotep, eines ägyptischen Wesirs, vernehmen: „Das Greisenalter ist eingetreten und die letzte Phase herabgestiegen. Die Glieder sind lahm, und das Altsein tritt als ein Neues auf. Der Mund schweigt und redet nicht. Die Augen sind kurzsichtig und die Ohren taub. Jeder Knochen leidet am Alter; die Nase ist verstopft und atmet nicht durch. Das Herz wird vergeßlich und erinnert sich kaum noch. Man mag stehen oder sitzen: Man befindet sich übel. Das Gute ist zum Schlechten geworden. Aller Geschmack ging verloren. Was das Alter dem Menschen antut, das ist: daß es ihm schlecht geht in allem".

Wir erleben unseren Leib zeitlebens als ein Zeichen unserer hinfälligen Existenz. In seiner leibhaftigen Verfassung ist der Mensch in dieser Welt der Not und des Elendes von Natur aus arm dran. „Von den ersten Anfängen an ist er unzähligen Leiden und schließlich dem Tod unterworfen. Mit Mühsal nahm er seinen Anfang, und in ihr findet er das Ende". So lesen wir im „Mirakelbuch" des Priesters Wolfhard aus dem frühen Mittelalter. Es sei oft kaum zu beschreiben, das Elend: „Es treten manche schon bei der Geburt blind ins Leben, andere beginnen jammervoll ihr Dasein, an allen Gliedern gekrümmt und zusammengezogen. Und alle tragen zeitlebens das Merkmal der Mühsal und der Sterblichkeit (laboriosam atque mortalem notam)". Die Vergänglichkeit des Leibes wird zum Signum unseres befristeten Daseins.

„Welches war das elendste Tier auf der ganzen Erde?" So hatte sich Hans Sachs in einem seiner Nürnberger „Fastnachtsspiele" gefragt, und seine verblüffende, schockierende Antwort: „Das ist ein armer, alter Mann, überfallen durch lange Zeit, mit Anzahl der Gebrechlichkeit". In den spätmittelalterlichen Traktaten schon erscheint das Alter als eitel Mühsal, als Last und Elend. Eine Wolfenbütteler Handschrift weiß das wie folgt zu beschreiben: „Denn der alte Mann ist voller Klag´ und leer aller Freuden; denn das Haupt schwindelt, das Hirn sinkt, das Gedächtnis entgeht, das Herz siecht, die Brust krachet, die Länge beugt sich, die Größe schwindet, die Stärke krankt, das Antlitz dunkelt, der Atem schmeckt, die Augen rinnen, die Nase träuft, die Zähn' verfaulen, die Ohren verschwellen, die Zung´ stammlet, die Hände erzittern" (Codex 151.2 Quodl. 2).

Und so steht denn am Ende des Lebensweges der Tod vor uns auf in seiner ambivalenten Gestalt, zu fürchten wegen seiner Gewißheit, seiner Strenge, der Beraubung aller Güter, des Verlustes der Schönheit, der Hinfälligkeit des Leibes, zu fürchten vor allem wegen des Eintretens in ein neues, ein durch und durch unbekanntes Land.

„Drum – so auch Paracelsus – so ist es alles nix! Was wir in die Zeit bauen, in die vergangene oder ins Zukünftige, es dorrt alles aus und hat keinen Bestand". Und so weit und wild es auch gewesen sein mag, unser abenteuerliches Leben, so gibt es am Ende doch nur ein elendes Alter. „Denn was weiter ist: da wird uns das Gesicht genommen, die Bein´, die Füße, die Vernunft, die Sinne und aller Jammer fällt mit Haufen herein. Was nützen dann demselbigen alten Manne seine jungen Tage"!

Unwillkürlich denkt man dabei an den „Prediger Salomonis" und die Bitternis seiner Klage: „... ehe denn die bösen Tage kommen und die Jahre herzutreten, da du sagen wirst, sie gefallen mir nicht", da die Zeit eingetreten ist, „wo man sich scheut, hinaufzugehen und alle Lust vergeht", wo für uns alle einmal die Nacht einbricht, „da niemand mehr wirken kann".

Um das Jahr 100 konnte der römische Satiriker Juvenal schreiben: „Wie lang und wie bunt ist sie, die Reihe der Leiden im Alter! Siehe zuerst das formlose scheußliche Antlitz, wie es entstellt ist, die formlose Haut statt blühender Jugend. Hängende Wangen dazu und solch entstellende Runzeln!" Da haben wir ihn, den Greis, kahlköpfig und zahnlos: „Malmen muß er das Brot mit dem nackten Zahnfleisch, der Arme – und es schwinden die Freuden des Weins und des Mahles. Der Gaumen ist stumpf, und die Liebe vergaß er schon lange".

Ist das Alter dann letztlich nicht doch eine Krankheit, wenn man sie mehr und mehr zu spüren bekommt, seine Organe: den Magen und die Prostata, die Galle oder die Knie und das Kreuz und die Zähne – und was alles sonst noch! Es wird ja auch nicht mehr, das Leben, es wird weniger. Die Mauern beginnen zu bröckeln, im Winde klirren die Fahnen. Das Schiff sinkt, auch ohne den Sturm und die Wellen, es sinkt und ist bald schon versackt. Der träge Fluß der Zeit ebnet die Ufer ein. Das oft so trauliche Milieu wirkt sich gegenteilig aus, Heimat wird unheimlich. Man wird die Wand nicht mehr aufbrechen, um die dahinterliegenden Dinge zu erfassen und zu erfahren. Altern ist eben nicht nur ein permanenter Lernprozeß, sondern auch ein stetiger Verlustprozeß.

Und dann erscheinen sie plötzlich so brutal wieder, die alten „nicht-natürlichen" Lebensbedürfnisse des Leibes, die man doch Zeit seines Lebens zu zivilisieren verstand: die Umwelt im engeren Sinne (das bißchen Luft, das letzte Licht, immer weniger Wärme); die Lebensmittel (das Warten aufs Essen, ein Schlückchen Saft zwischendurch); die Bewegung (in ganz kleinen Schüben noch); die Ruhe (viel Schlaf und halbe Dämmerungen), der Stoffwechsel (das Ringen um die Verdauung, die Qualen der Verstopfung), die geschrumpften und oft auch verschrobenen Affekte und Emotionen.

Niemand hat diese Phänomene eindeutiger gesehen und provozierender herausgestellt als Martin Heidegger in „Sein und Zeit": Der Mensch ist hineingestellt, mehr noch geworfen in die „verfallende Nichtigkeit der Welt", ein Wesen, das geradezu in den Tod geworfen wurde, sich selber immer schon vorweg zum Ende hin, existent als „Platzhalter des Nichts". Sein Leben in Angst muß daher entschlossen den Tod annehmen, um in dieser „sich ängstigenden Freiheit zum Tode" zu einer „gerüsteten Freude" zu gelangen.

Im Älterwerden zu einer „gerüsteten Freude" zu gelangen – wie schön das gesagt ist. Wie leibfremd hingegen, ja leibfeindlich klingt das aus Platons „Politeia", wo wir lesen (410a): „Wer siech am Körper ist, den sollen sie sterben lassen. Wer an der Seele mißraten und unheilbar ist, den sollen sie töten!" Wie hoffnungsvoll hinwiederum ein Mystiker des hohen Mittelalters, Hugo von Sankt Viktor, wenn er in seiner „Eruditio didascalica" sein „Lob des Alterns" singt; wenn er von dem „amor sapientiae" in einem „corpus marcescens" sagt: Fast alle Vermögen des Leibes (virtutes corporis) verändern sich mit dem Alter, doch während alles übrige im Leben uns einfach davonschwimmt (decrescunt caetera), wächst einzig und allein noch die Weisheit (crescente sola sapientia).

Das Wissen um Altwerden und Sterben war für einen Philosophen wie Max Scheler der beständige Anlaß, den „metaphysischen Leichtsinn" zu überwinden. Im leibhaftigen Lebensprozeß sah er mit dem Altern die Möglichkeitsfülle zukünftigen Lebens abnehmen, während der Vergangenheitsdruck stetig wachse. Der Tod wird dabei der Grenzpunkt, dem der Lebende alternd entgegengeht. Karl Jaspers hat hier von „Grenzsituationen" gesprochen. Als leibhaftige Erscheinung in der Zeit erlebe und erleide ich auch das Sterben, konkreter: den Tod des Nächsten, und ganz konkret: den eigenen Tod. „Sterbend erleide ich den Tod, aber ich erfahre ihn nie" (Philosophie II,225).

So treibt es das Leben mit unserem Leibe! Was wir an Wachstum verlieren, gewinnen wir an Reife. Der Preis für das Reifwerden ist das Alter, Alterung allerdings auch als Programmierung zum Tode. Aber selbst beim Sterben versucht die Wissenschaft, uns vom Leibe abzuhalten. Man tut nicht mehr den „letzten Atemzug"; man stirbt nicht, weil „das Herz stillsteht". Der Tod ist eingetreten, wenn die Gehirnwellen im EEG abflachen und dann auf Null gehen.

Und so haben uns bei all ihrer Weisheit selbst die Philosophen im Stich gelassen, wenn es um die Erklärung dieses Phänomens geht. „So wie der Tod das Allerletzte ist, so soll dies das Letzte sein, das über ihn gesagt wird: Er ist unerklärlich". So Soeren Kierkegaard in seinen „Erbaulichen Reden" (1844/45), die dann aber auch bei aller Unerklärbarkeit doch wieder auch die Erbauung anbieten, wenn er mahnend weiterschreibt: „Ich habe keine Erklärung nötig, du aber bedenke, daß mit dieser Entscheidung es vorüber ist, und daß sie jeden Augenblick zur Stelle sein kann. Siehe: das ist für dich doch wohl des Bedenkens wert!"

Und so erscheint der Tod als die absolute Blockade der Zukunft. Und doch – so Nietzsche -: „Jeder will der erste in dieser Zukunft sein – und doch ist Tod und Totenstille das einzig Sichere und allen Gemeinsame dieser Zukunft! Wie seltsam, daß diese einzige Sicherheit und Gemeinsamkeit fast gar nichts über den Menschen vermag und daß sie am weitesten davon entfernt sind, sich als die Bruderschaft des Todes zu fühlen" (II, 163)! Wie seltsam, eine solche

„Bruderschaft des Todes" – und wie schwer im Leben leibhaftig zu verwirklichen.

3. Die Kultur des Leibes

Vorbemerkung

Mit dem „Leib" begegnen wir jenem Grundphänomen unserer Existenz in der Welt, ohne das wir nichts verstehen würden vom gesunden, vom kranken und zu heilenden Menschen. „Leib" bedeutet einfach: lebendiger Organismus im Wechselspiel der Welt. Hier zeigt sich, daß der Mensch seinen Leib HAT und zugleich Leib IST.

Dies erweist sich vor allem bei unserem tagtäglichen Umgang mit unserem Leibe: beim Ein- und Ausatmen, beim Essen und Trinken, Arbeiten und Feiern, Wachen und Schlafen, beim Ausscheiden wie bei den Gemütsbewegungen, die alle so selbstverständlich eingebunden sind in jene Kultivierung des Alltags, die immer nur sein kann Kultur des Leibes.

Wenn man das Eigentliche und Wesentliche von Ernährung und Arbeit, vom Schlaf, am Geschlecht und am Sozialverhalten erfaßt hat, dann wird man auch das Wesentliche von dem erfahren haben, was wir hier „Leiblichkeit" nennen. Hat man aber das Wesen des Leibes in Erfahrung gebracht, dann wird man auch den Stellenwert von Ernährung und Arbeit, dem kosmischen Eingebundensein beim Schlafen und Wachen, dem Geschlechtsleben und dem Gemeinschaftsleben auf die Spur kommen. Ist doch mein Leib das Einzige, was ich nun wirklich konkret in der Hand habe. Und gerade mit dieser Handhabe kann ich nun auch die Welt begreifen, soweit sie in meinen Horizont tritt. Mein geistiger Horizont aber, das ist wiederum genau das, was mir Tag für Tag leibhaftig vor Augen tritt, mir zur Welt-Anschauung geworden ist.

In seinen „Prolegomena einer anthropologischen Physiologie" (1967) hatte sich Frederik Buytendijk bereits das Verhältnis unserer naturwissenschaftlichen Kenntnis eines Körpers zu den Erfahrungen über den Leib von jemandem zum leitenden Thema gemacht. Zum Leitfaden wurden ihm dabei der „Körper", den man hat, im

Unterschied zu der Leiblichkeit, die man ist. Unser Körper ist – so auch Karl Jaspers – „der einzige Teil der Welt, der zugleich von innen empfunden und von außen wahrgenommen wird. „Er ist ein Gegenstand für mich, und ich bin dieser Körper selber", was wohl hier sagen will „mein Leib".

Der Verlauf des sich entwickelnden Lebens selber ist es, der sich als ein sich entwickelnder Zusammenhang in einem stofflichen Ganzen bemerkbar macht. Das, was wir dann „beseelte Leiblichkeit" nennen, ist eine empirisch gegebene Ordnung, eine ideelle Einheit, die sich zeitlich-räumlich entfaltet. Dabei gehört die biologische Individuation des Leibes zweifellos dem genetischen System an, die kulturelle Individuation hingegen dem tradierten System der Kultur. Alle meine Sinne verweisen mich ja einfach nach außen, immer auf einen anderen hin, auf die Welt zu. Sie sind Fenster zur Welt und die Brücken zur Wirklichkeit. Mehr noch: Sie vermitteln uns die Programmatik einer Lebensordnung, die nun in sechs Punkten exemplarisch zu entrollen wäre.

An der konkreten Lebensführung im Alltag ist uns deutlich geworden, daß sich die Regeln gesunden Lebens immer auf sechs Dinge zugleich erstrecken, nämlich: 1. auf den kultivierten Umgang mit Licht und Luft, Wasser und Wärme, Boden und Klima, mit der Natur da draußen, die letztlich bewirkt, daß die Umwelt unser Zuhause wird; 2. auf die Kultur von Speise und Trank, jene Lebensmittel also, die nun wirklich Mittel zum Leben geworden sind; 3. auf die Ausgeglichenheit von Bewegung und Ruhe, das Gleichmaß von Arbeit und Muße; 4. auf den zu disziplinierenden Wechsel von Schlafen und Wachen, den Rhythmus des Alltags also im Wechselspiel von Tag und Nacht; 5. auf den zu harmonisierenden Haushalt unseres innersekretorischen Stoffverkehrs, wobei nicht von ungefähr das Sexualleben eine beherrschende Rolle spielt; 6. auf die Beherrschung unserer Leidenschaften, all der Affekte und Emotionen, die den Rhythmus des Alltags so entscheidend zu färben in der Lage sind.

I. Das Atmosphärische

Am Leibe erleben wir die Umwelt als unser existentielles Bezugsfeld, Umwelt im weitesten Sinne mit ihrer je eigenen Atmosphäre. Wenn sich einem im tiefen Atemzug die Brust weitet, fühlt man sich eher mit der Welt im Einklang, kommt man leichter in Hochstimmung. Atmosphäre aber geht immer nur vom Leiblichen aus. Das rein Stoffliche, das Anorganische, strahlt von sich aus keine Atmosphäre aus, hat einfach kein Fluidum.

Jeder bewußte Atemzug könnte und müßte uns zeigen, daß wir in die Welt da draußen eingebunden sind, daß wir nicht im Leeren schweben, vielmehr eine Atmosphäre haben, die uns durchdringt und durchstimmt. Es ist wahrhaft eine „Stimmung", die laut wird, die wirklich Laut gibt und die Einheit vom Ich- und Welt-Gefühl zu vermitteln vermag. In dieser Gestimmtheit ist das Leibliche denn auch in besonderer Weise auf die Welt hin offen. Bei diesem Gestimmtsein denkt man unwillkürlich an Hölderlins „Rheinhymne" mit ihrem schönen Vers: „Denn wie du anfingst, so wirst du bleiben; denn viel vermag die Geburt und der Lichtstrahl, der dem Neugebornen begegnet". Die genetische Matrix und das soziale Fluidum, das ist ja im Grunde schon die Textur unserer Existenz. „Wo aber ist einer (fragt Hölderlin weiter), um frei zu bleiben sein Leben lang"!

Das Atmosphärische ist es, in dem sich Umwelt und Mitwelt begegnen. Man legt eine Spur und folgt einer Spur. Man spürt gleichsam die Witterung für Dinge wie auch für Menschen. Man kann „sich nicht riechen" oder „findet aneinander Geschmack". Man bekommt ein Gespür dafür, wenn etwas „in der Luft" liegt. Im Atmosphärischen kommt es zu einem Elementarkontakt, bilden sich Räume der Gemeinsamkeit. So wirkt sich ja auch das Zusammenwachsen der Partner als wechselseitige Einverleibung aus.

In dieser Atmosphäre wird jeder Atemzug zu einem rhythmischen Ereignis, das uns einbindet in die Umwelt, unserem Eigenleben neue Impulse verleiht, Signale sendet für die Rhythmik des Alltags. Jeder

Atemzug begleitet ja den Appetit, motiviert zur Arbeit, läßt nicht locker im Schlaf, ist stetig präsent beim Stoffwechsel, stabilisiert das seelische Gleichgewicht. Hier zeigt sich sehr deutlich, daß alle diese Wegweiser in die gleiche Richtung deuten. Mit den Wegweisern unserer Atemwelt sind wir aber auch zeitlebens eingewoben in die Umwelt, in die Natur da draußen, die ihrerseits wiederum voller Signale steckt. Alle einzelnen Faktoren aber – so Goethe - sie „bilden zusammen ein Ganzes, in welchem jeder Mensch wie in einem Elemente, in einer Atmosphäre schwimmt".

Und so bildet denn auch alles Lebendige eine Atmosphäre um sich, Tag für Tag, Stunde um Stunde, mit jedem Atemzug. Goethe nannte es die „Summe aller Weisheit", daß sich Denken und Tun, Tun und Denken wie auch Aus- und Einatmen, beide sich ständig „im Leben ewig fort hin und her bewegen". Das sei so wie „Frage und Antwort: eins sollte ohne das andere nicht stattfinden". Da sind sie, die „zweierlei Gnaden", bedrängend im „die Luft einziehen" und beim „sich ihrer entladen" so erfrischend. Mit jedem Atemzug spüren wir sie, jene „Systole und Diastole des menschlichen Geistes", die uns zum leibhaftigen Klima kultivierten Lebens werden kann.

II. Ernährungs-Kultur

Von dieser hohen Warte atmosphärischer Lebensordnung aus tut sich nun die ganze weite Landschaft kultivierter Lebensmuster vor uns auf: von der Gestaltung der Umwelt bis zur Meisterung der Affekte, vom Rhythmus von Wachen und Schlafen bis zur Stilisierung unserer Arbeitswelt und nicht zuletzt einer Kultur von Speise und Trank.

Eine weitere, nun wirkliche leibhaftige Orientierung an Welt erfahren wir denn auch Tag für Tag bei unserem Umgang mit Speise und Trank. Und so stehen die Lebensmittel ganz zentral im Rhythmus des Alltags. Sie sind Lebens-Mittel im wahrsten Sinne des Wortes, und nicht nur Mittel und Medium, sondern auch Hinweis und Weisung. Der bloße Appetit schon ist es, der uns von Natur aus den rechten Weg weist zur Auswahl einer vernünftigen Ernährung. „Appetitus" als solcher ist schon das Streben nach etwas, nach etwas Bestimmten, nach etwas Bekömmlichen, das uns denn auch entgegenkommen sollte, dem wir uns anvertrauen könnten. Man spricht nicht umsonst vom „gesunden" Appetit, hat Appetit „bekommen" auf etwas ganz Besonderes. Essen wäre demnach nicht allein bedarfsgerechtes Stillen von Hunger. Im Essen wird der Hunger überformt vom Appetit. Eine appetitliche Speise aber sieht man gern an; sie läßt sich riechen und schmecken; man hört gleichsam, ob sie schleimig oder knackig ist. Das gesamte Sensorium ist jeweils eingespannt und wird zum Kriterium einer wahren Eßkultur. Nehmen wir doch zeitlebens Stoffe auf, die unser Leib ergreift, eingliedert, umsetzt, und dies alles in einem rasanten Wechsel der Blutzellen, am Bindegewebe, in den Knochen - nach zwei Jahren schon ist nichts mehr dasselbe!

Also leben wir: eine Form, die bleibt, an einem Stoff, der stetig sich wandelt. In diesem intermediären Stoff-Kreislauf, einem wahren Stoff-Verkehr, stehen wir buchstäblich im Austausch mit der Welt da draußen. Und wie uns jeder Atemzug mit dem uns umgebenden Luftmeer verbindet, also vollziehen wir auch mit jedem Bissen Brot eine Einverleibung der Erde. Alles das, das wir von draußen auswählen, aufnehmen, uns aneignen und einverleiben, das sollte uns auch als Bild dienen für eine geistige Assimilation, die ständig Aneignung und Zueignung zugleich ist.

Nicht von ungefähr sprechen wir von einem erfüllten Leben, von erfüllten Hoffnungen, vom Erfüllen unserer Wünsche oder gar von einer „Fülle der Zeit". Wir erfahren uns als „lebenssatt" nach erfüllten Jahren, haben dabei aber vergessen, daß es im Grunde der sich mit Nahrung füllende Magen ist, der uns die Lust leiblicher Erfüllung gewährt, als das Urbild von Leib überhaupt – und damit als ein im Sinne der Erfüllung sich vollendendes Leben.

Eine mehr als tausend Jahre alte wissenschaftliche Kochkunst hat uns allerdings auch darüber belehrt, daß Essen und Trinken nicht allein ein physiologisches Geschehen ist, sondern ein eminent sozialer Akt. Die moderne Sozialphysiologie lehrt uns, daß und wie der

Hypothalamus jene Gleichgewichte steuert, die wiederum von unserem Verhalten beeinflußt werden. Essen ist weniger biologisch orientiert als auf Sitte und Brauch gerichtet. Es ist eben nicht nur ein Akt der Nahrungsaufnahme, sondern auch der Entspannung, ein Akt des Vergnügens. „Tafelfreuden kennt nur der Mensch", sagt Goethe. Daher die Attraktion in Geruch, Geschmack, Unterhaltung, wie sie jede gebildete Kochkunst uns nahelegt.

Nahrung will einfach Kultivierung; Essen wird geradezu zum Symbol auch für kulturelle Reife. „Für das größte Übel unserer Zeit (klagt Goethe), die nichts reif werden läßt, muß man halten, daß man im nächsten Augenblick den vorhergehenden verspeist, den Tag im Tage vertut und so immer aus der Hand in den Mund lebt, ohne irgend etwas vor sich zu bringen". Und noch allgemeiner, gültiger in einer Bemerkung zu Johann Daniel Falk, wo es heißt: „Wir müssen uns prüfen und alles, was wir von außen in uns hereinnehmen, wie Nahrungsmittel, auf das sorgfältigste untersuchen, sonst gehen entweder wir an der Philosophie oder die Philosophie geht an uns zugrunde". Hier ist Philosophie noch – wie im klassischen Zeitalter der Griechen – Lebensform, Lebensregel, Lebensstil, ist wahrhaft „diaita", ist Kultur des Leibes.

III. Die Welt der Arbeit

In seinem auch heute noch aktuellen Traktat über „Asketischer Protestantismus und kapitalistischer Geist" (1905) ist Max Weber der Grundfrage nachgegangen, wie wohl der moderne Mensch „seine Arbeit in Ordnung vollbringen" könne, wie er wohl die von ihm verlangten Leistungen auch ethisch zu motivieren in der Lage sei. Ist doch für Weber der Mensch grundsätzlich ein Wesen, das sich bei allem äußerlichen Tun zugleich immer auch Werkzeuge der inneren Balancierung schafft und damit auch ein Instrument der geistigen Orientierung. Die moderne, eine „ökonomisch rationale Lebensführung" jedoch, geboren aus dem Geiste christlicher Askese, sie allein sei zum Grundsatz des bürgerlichen Lebensstils geworden.

Auf diesem Wege – schreibt Weber (1905) 108 – „gewannen die äußeren Güter dieser Welt zunehmende und schließlich unentrinnbare Macht über den Menschen, wie niemals zuvor in der Geschichte". Aus diesem Gehäuse jedenfalls sei heute schon aller Geist entwichen. Daraus sein Schluß: „Niemand weiß, wer künftig in diesem Gehäuse wohnen wird und ob am Ende dieser ungeheuren Entwicklung ganz neue Propheten oder eine mächtige Wiedergeburt alter Gedanken und Ideale stehen werden, oder aber – wenn keins von beiden – mechanisierte Versteinerung, mit einer Art von krampfhaften Sich-wichtig-nehmen verbrämt. Dann allerdings könnte für die ´letzten Menschen´ dieser Kulturentwicklung das Wort zur Wahrheit werden: ´Fachmenschen ohne Geist, Genußmenschen ohne Herz: dieses Nichts bildet sich ein, eine nie vorher erreichte Stufe des Menschentums erstiegen zu haben´".

Diese Entwicklung zu einer Dehumanisierung unserer Arbeitswelt ist freilich sehr jung, und sie beginnt tragischerweise mit jenem Humanismus, den man als die „Entdeckung der Welt und des Menschen" gefeiert hat, obschon gerade hier die kosmologische Dimension verloren ging und die eschatologische Orientierung verdeckt wurde. Seit Galilei die Natur auf Masse und Bewegung reduziert hatte, war der Mensch ein mehr oder weniger wichtiger Teil der Welt geworden. Descartes hatte folgerichtig diese „res extensa" des Menschen zu einer reinen Maschine und damit zu einer Sache ohne geistige Bedeutung gemacht. Rudolf Virchow schließlich glaubte in den physikalisch-chemischen Hilfsmitteln jene Methode gefunden zu haben, welche den Körper und den Geist zu erklären, ja zu bestimmen vermögen. Er hat damit nichts Geringeres proklamiert als die „Konstituierung der Gesellschaft auf physiologischer Grundlage".

Angesichts dieser kritischen Bilanz sehen wir uns heute gehalten, völlig neue Zugänge zur Welt der Arbeit zu gewinnen. Arbeit erscheint uns heute eher als ein leibhaftiger Faktor der Sozialisation, als ein „opus", ein „Werk" im klassischen Sinne, als jener elementare Akt, durch den der Mensch die Natur packt, sie umgestaltet und damit auch sich selber „ins Werk setzt“, das heißt verwirklicht. Und so ist der Mensch als ein „Werktätiger“ nicht nur „zur Arbeit befähigt“, sondern auch „zur Arbeit berufen“, wobei der Mensch durch die Arbeit die Natur nicht nur seinen Bedürfnissen anpaßt, sondern auch sich selbst als Mensch verwirklicht, gewissermaßen „mehr Mensch“ wird.

Tätig-Sein sollte daher nicht verwechselt werden mit der Hektik, wie sie sich in der modernen Arbeitswelt breitmacht. In allem echtem Tätig-sein liegt ja auch die Ruhe, die Reflexion, die Muße, der Zusammenhang und Zusammenhalt allen Tuns. Arbeitsfähigkeit kann daher nur in Verbindung mit der gesamten Leiblichkeit gedacht werden: mit Stoffwechsel, Zirkulation, Muskeltonus, Temperatur, nicht zuletzt mit der Ermüdung, die sich als äußerst zweckmäßig erweist, um leibliche Erschöpfung zu vermeiden. Wir lernen es wieder und beginnen zu begreifen, daß Bewegung und Ruhe – „motus et quies“ der Alten - der gleichen Rhythmik unterliegen.

Was von der Arbeits-Welt gilt, wäre daher auch bei der Frei-Zeit zu berücksichtigen. Mit dem Jahre 2000 bereits haben wir eine „Wissenschaft von der Freizeit“, eine Physiologie und Psychologie der Freizeit, eine Freizeit-Pädagogik und selbstverständlich auch eine Pathologie der Freizeit-Laster, eine Prophylaxe und Therapie der ehemals so köstlichen „freien“ Zeit mit ihrer wunderbaren „langen Weile“, die als Gegenmodell dienen könnte zu jener Arbeit, die Friedrich Schlegel einmal in seiner „Lucinde“ verlästern konnte als „nordische Unart“.

Was wir bei Arbeit und Muße, bei Bewegung und Ruhe, am Ablauf des Tages, im Ruhen der Nacht zu lernen haben und wohl nie zu Ende lernen werden, das ist der rechte Umgang mit der Zeit, ist das „Tempus tempore temperat“, das so überaus weise, wenn auch gar nicht so einfache Rezept: Richte ein deine Zeit in der Zeit! Arbeit und Freizeit würden dann erst als Aspekte einer ganzheitlichen Lebenshaltung und Alltagsstilisierung gelten, die eben nicht gegeneinander auszuspielen, sondern in Einklang zu bringen wären.

Überall da nämlich, wo „große Arbeit“ ins Spiel kommt, finden wir auch die Muster disziplinierter Lebensführung wieder: eine Rhythmisierung des Alltags eben, eine Führung des Tagesablaufs mit Aufteilung der einzelnen Arbeitsgänge im Rhythmus des Ganzen, in einem in sich abgestimmten Ensemble, ausgewogen aufklingend wie die Melodie einer Orgel.

IV. Zirkadiane Rhythmik

Als ein kaum jemals ganz zu fassendes Mysterium unserer Leiblichkeit erscheint uns der Schlaf, der unseren Leib Tag für Tag in sich selbst versinken läßt, der uns aber auch immer wieder von neuem vor Augen führt, wie heilsam die Nacht über uns gewesen. Das größte Geheimnis eines wachen Lebens ist in der Tat immer noch der Schlaf. Hier werden wir leibhaftig eingetaucht in den universalen Rhythmus des Lebendigseins, des Daseins, des Seins. Die gekonnte Meisterung eines gleichmäßigen Rhythmus von Schlafen und Wachen, die entschlossene Bildung vor allem einer geschlossenen Ruhezeit, in der jeder in seine eigene Welt versinkt, um dann wieder wach zu sein am anderen und mit anderen, das erscheint wahrhaftig als ein Wegweiser für die Kultivierung des Alltags.

Es ist kein Zufall, daß wir „schlafen gehen“ oder „in Schlaf fallen“. Man nimmt eine bestimmte Haltung ein, schließt die Augen, variiert die Atmung. Die Übergänge sind fließend und abhängig von Müdigkeit, Gestimmtsein, Tageserlebnissen, Erwartungen. Der zeitliche Rhythmus gehört einfach zur Ordnung der Natur. Seit alters sind sie uns bekannt, diese biologischen Rhythmen; sie sind eine Urerscheinung des Lebens.

Kein Zufall ist es aber auch, daß die Erforschung der zirkadianen Rhythmik, die sogenannte Rund-um-die-Uhr-Forschung, wieder auf die gleichen Erfahrungswerte zurückkommt, die seit Jahrhunderten – in der Regel der Benediktiner etwa - als das Maß einer humanen Daseinsgestaltung angesehen wurden. Die Skala zwischen Schlafen und Wachen bildet eine Art zentralnervöser Grundstimmung, auf der sich alle seelischen und geistigen Lebensprozesse aufbauen. Hier sind auch die berühmten Heilkräfte im Schlaf zu suchen, die eine Reorganisation der inneren Zeitstruktur bewirken, die aus sind auf eine Synchronisierung unserer Lebensuhren.

Aller Rhythmus des Alltags soll der Gesundheit dienen. Es muß dabei feste Bräuche geben, an die man sich halten kann, auf die man sich einstellen muß. Als Vorbild dieses Lebensrhythmus dient seit alters jenes große Weltenrad, in dem nach kosmischer Ordnung und im Kreislauf der Geschichte nun auch das fallende, stürzende, kreisende Menschenleben mit seinem Alltag abzulaufen hat.

Gott erschuf die Welt ja – schreibt Abt Guibert non Nogent um das Jahr 1100 – „nicht als eintönige Materie, sondern mit dem Wechselspiel von Tag und Nacht, von Frühling und Sommer, Herbst und Winter. Und mit all diesem Wandel der Zeiten im Laufe des Jahres erfreut er unser Herz". Jedesmal aber, wenn der Mensch schläft – schreibt die heilige Hildegard von Bingen – „erhebt sich sein Mark wieder und nimmt zu, und so lange er wacht, wird sein Mark etwas verdünnt und geschwächt, so wie der Mond beim Zunehmen wächst und bei seinem Abnehmen schwindet und wie die Wurzeln der Kräuter im Winter ihre Grünkraft in sich behalten, um sie im Sommer wieder zur Blüte auszusenden".

Wach-Sein ist das blühende „Da-Sein" des Leibes oder auch – so jeden Morgen – „wieder da sein". Es gibt dabei natürlich viele Grade des „Dabei-Seins" wie auch des „Abwesend-Seins". Wachsein kann sich steigern zu Wachsamkeit, zu einer Scharfsinnigkeit. Immer ist der Muskeltonus daran beteiligt wie auch das ganze Sensorium, abermals ein Hinweis darauf, daß all dieses so erstaunliche Geschehen nicht möglich sein kann ohne das normale Funktionieren eines leibhaftigen Organismus.

Wie aber ist das mit Schlaf und Traum, wo die Leiblichkeit entgleitet in Sphären des Körperlichen, das dort dann seinen Aufladungstanz aufspielt? Das vielberufene Bewußtsein hat seine Tätigkeit aufgegeben, und die Dinge sind einfach nur noch da und inszenieren eine erstaunliche Schlafgestaltung. „Schlaf ist des Menschen Pflanzenzeit", hatte noch Hufeland gewußt. Das Leben des Leibes erscheint dann wie ein Gefälle, in welches die morphologischen Strukturen Stauwehren gleich eingebaut sind: bremsend, brechend, gestaltend, färbend – eben belebend.

Dieses grandiose Wechselspiel zwischen Schlafen und Wachen wird – wie wir heute wissen – gesteuert durch das gesamte autonom-vegetative System. Hier findet man denn auch jene so ungemein sensiblen Zeitgeber, die auf eine so unwahrscheinlich intelligente Weise das innerorganismische Leben zu steuern und zu stilisieren in der Lage sind, wahrhaft Uhren, die das Leben stellt. Der rhythmische Wechsel freilich ist alles andere als autonom; er ist gleichgeschaltet dem kosmischen Wellenspiel von Tag und Nacht. Hier wird der Leib gleichsam heimgeholt in das All. Und im Schlaf, da rührt er uns an, der kosmische Partner, der große Bruder, der da malt unsere Träume mit dunkelbrauner Hand.

V. Geschlechtlichkeit

Der Leib des Menschen ist nicht nur von Natur aus eingebunden in Welt; er hat eo ipso auch einen Bezug zur Gemeinschaft. Er ist angewiesen auf ein Du, von einem anderen beansprucht. Und wir mögen noch so viel über Körper oder Seele oder Geist sprechen, von Psychosomatik reden oder auch Tiefenpsychologie: wir finden den Menschen immer nur vor in einer konkreten Leiblichkeit. Mehr noch: wir finden uns wesenhaft differenziert vor als Mann oder als Frau. Der Mensch ist von Natur aus ein Geschlechtswesen und zur Kultivierung seiner Geschlechtlichkeit berufen.

Bei der Sexualität handet es sich in der Tat um ein Urphänomen, das aufs Ganze geht. Hier geht es nicht um einzelne Organe oder Funktionen, um Ressorts oder Interessen, hier geht es um das Lebensinteresse als solches, das sich am Leibe sinnenhaft abspielt.

Sexualität spiegelt nicht nur das menschliche Sein; es bedeutet immer auch ein Mehr an Sein. Es ist das Geschlecht, das eins in das andere bindet und somit aus dem anderen erst verstehen läßt. Nirgendwo eindrucksvoller als im Geschlechtsverhalten zeigt sich denn auch die so faszinierende Spiritualität dieser unserer leibhaftigen Welt. Nicht umsonst sprechen wir hier von „Sinnlichkeit"; als ein Organ sinnlicher Lust steht uns hier der Leib zur Verfügung. Alle Erkenntnisse vom Wesen des Lebendigen wurzeln in Erfahrungen des Geschlechtslebens. Aus der Kultur leibhaftiger Sinnlichkeit erwächst das Reich der Erotik, wie auch in der Erweiterung des erotischen Lustgewinns letztlich die „schönen Künste" zum Tragen kommen.

Sexualität äußert sich darin aber auch als Vehikel einer doppelten Transzendenz: zum anderen Geschlecht HIN und auf die nächste Generation ZU. Sexualität erscheint als ein Medium der Selbsthingabe wie der Fortpflanzung und zugleich einer Selbstüberschreitung. Über das Biologische und Anthropologische hinaus wird hier das Geschlecht ins Metaphysische erhoben: daß eins in das andere eingebunden ist und somit erst aus dem anderen zu verstehen sein wird, vom Du nämlich. Hier kommt bereits leibhaftig zum Ausdruck, daß das menschliche Triebleben auf kulturelle Führung angewiesen ist. Die kulturelle Überformung gehört – analog zu „Werkzeug" oder „Sprache" – zu den elementaren Kulturleistungen des Menschen.

In der Regulierung des Geschlechtsverhaltens hätten wir demnach nicht weniger als eine primäre Sozialform des menschlichen Verhaltens zu sehen. Mit zunehmender Integrierung des Geschlechtslebens ins Gesamtgefüge der eigenen Person erweist sich die Sexualität dann einfach auch als das Vehikel persönlicher Beziehungen. Bei derart tiefgreifenden Begegnungen und Wechselwirkungen, die uns so konkret auf den Leib geschrieben sind, handelt es sich ganz selbstverständlich um „natürliche" Vorgänge, die aber stetig und in jedem Betracht einer Kultivierung bedürfen. Ist Geschlechtlichkeit doch wahrhaftig ein Beziehungs-System. Hier geht es nun wirklich um eine Kultur des Leibes.

VI. Sozialverhalten

Die letzte Kategorie der klassischen Lebensordnungslehre betrifft – nach Umwelt, Mitwelt, Arbeitswelt – nicht von ungefähr die Erlebniswelt des Menschen und damit auch den gebildeten Umgang mit sich selbst und mit anderen. Hier kommen die Affekte und Emotionen des Menschen zum Ausdruck – und oft auch zum Ausbruch, alle die Leidenschaften und auch Freudenschaften. Leidenschaften, diese Wildwässer der Seele, dienen uns als Gefälle im Lebensstrom, dem freilich oft genug auch Strudel beigesellt sind.

Einen kompletten „Katalog der Leidenschaften" hatte schon Robert Burton in seiner „Anatomie der Leidenschaften" (1621) aufgestellt, wobei sich zu Liebe und Freude auch Begehren und Maß einfinden, ja Kummer und Furcht. Alle übrigen, wie Ärger, Neid, Stolz, Angst, Scham, sie alle ließen sich auf die Uraffekte zurückführen, und sie alle erzeugen sich wiederum gegenseitig. Burton erinnert uns an eine alte Lehrmeinung, „nach der die Leidenschaften häufig körperlich krank machen und Melancholie erzeugen, indem sie den Leib gleichsam aus den Gelenken seiner Gesundheit auskugeln". Andere Untugenden seien indes von vorübergehender Dauer: „Der Bauch wird satt, der Ärger verraucht, der Haß legt sich, nur der Neid hat kein Ende". So in der „Anatomie der Melancholie", wo wir auch die Litanei zu hören bekommen: „Von aller Blindheit des Herzens, von Stolz, Dünkel und Heuchelei, von Neid, Haß, Bosheit, Zorn und allen anderen verderblichen Leidenschaften -, Herr, erlöse uns!"

Zu den Leidenschaften, all diesen Affekten und Emotionen im Sozialverhalten, gehören natürlich auch die Freudenschaften, gehören Freude und Heiterkeit, die Hoffnung vor allem, die Pindar schon als „des Herzens Labsal" besungen hat, Hoffnung als „die freudvolle Pflegerin der alten Tage". Mit der Beherrschung der Leidenschaften und im Umgang mit Freudenschaften gewinnen wir ein ganz neues Lebensgefühl auch im Verkehr mit unseren Mitmenschen, ein Verkehr, der ja stets einer besonderen Kultivierung bedarf. Wir wissen und erfahren es täglich, wie sehr schon im normalen Alltag

Sympathie oder Antipathie die Hintergrundsmusik spielen zu all unseren Begegnungen und Erlebnissen.

Von den „Wildwässern der Seele" hatte Friedrich Nietzsche bei allen Gemütsbewegungen gesprochen und daß man sie weder ableiten noch austrocknen sollte, vielmehr umzuleiten habe, um sie so zu regulieren und zu zivilisieren. Sind sie alle doch nur Affektationen des Leibes, die transfiguriert werden wollen zu Geist.

Im Sozialverhalten tut sich nun aber auch noch einmal die ganze weite Landschaft unserer zu kultivierenden Lebensmuster vor uns auf: von der Gestaltung der Umwelt bis zur Meisterung des Affekthaushaltes, von der Ernährung über Bewegung und Ruhe bis zum Binnenhaushalt unseres Stoffverkehrs, und alles das in der ausgewogenen Rhythmik des Alltags.

Für dieses rundum stimmige Orchester brachte Goethe ein einleuchtendes Beispiel, wenn er Eckermann gegenüber formulierte: „Es liegen im Wein allerdings produktivmachende Kräfte sehr bedeutender Art. Aber es kommt dabei alles auf Zustände und Zeit und Stunde an, und was dem Einen nützt, schadet dem Anderen. Es liegen ferner produktivmachende Kräfte in der Ruhe und im Schlaf; sie liegen aber auch in der Bewegung. Es liegen solche Kräfte im Wasser und ganz besonders in der Atmosphäre". Sie alle zusammen bilden das Fluidum unseres Lebens. Denn „was nicht eine wahre innere Existenz hat, hat kein Leben und kann nicht lebendig gemacht werden".

Ausblick

Beim Rückgriff auf historische Konzepte geht es dem Historiker weder darum, Altes liebevoll aufzuwärmen, noch Patentrezepte für die Zukunft zu geben. Es ging ihm eher um die Phänomene als solche, um heuristische Muster, die zeigen, was war, aber auch was verlorenging und was durchaus wieder lebendig werden könnte. Es geht um historische Muster als heuristische Matrix für Modelle von morgen.

So modern aber auch solche Modelle für die Welt von morgen erscheinen mögen, so tief sind sie – wie gezeigt werden konnte – verwurzelt in der Tradition. Und ohne Wurzeln kein Wachstum, ohne Verwurzelung keine Zukunft! Bei der Suche nach unserem leibhaftigen Wurzelgrund sind wir nicht von ungefähr auf weitgreifende Programme zu einer gesunden Lebensführung gestoßen. Der Mensch erscheint in diesen Lebensmustern leibhaftig als Bild der Welt und mehr noch: beauftragt mit der Bildung einer Welt, einer Schöpfung, die noch nicht zu Ende ist und die der Mensch zu vollenden hat. Bedarf doch des Leibes Leben in einer gebrochenen Schöpfung grundsätzlich einer Weisung und Führung, einer Stilisierung des konkreten Alltags.

Die Programmatik einer leibhaftigen Lebenskultur aber erscheint mir auch als die säkulare Antwort auf die Herausforderungen der Zeit. Für diese Modelle hat uns der Leib als ein Konzept gedient, das die Fülle unserer Lebenswelt spiegeln sollte, das uns aber auch eine Welt vor Augen führt, die wir niemals in ihrem Reichtum auszuschöpfen in der Lage sein werden.

Große Bereiche der Körper-Welten konnten nur erwähnt werden. Die großen Theologen des Mittelalters hätten wir näher befragen müssen, aber auch die Philosophen und Ärzte einer Renaissance und der Aufklärung. Immer wieder überrascht uns auch die Fülle an Leibmetaphorik in der Bibel, im Neuen Testament und noch üppiger im Alten Testament.

Bewußt übergangen wurden die Vergleiche der einzelnen Positionen wie auch die das Ganze wiederum erhellenden Übergänge und Querverbindungen. Insofern waren auch diese Studien nichts anderes als

„Vorspiele zu einer Philosophie des Leibes“.

Quellenverzeichnis

Hildegard von Bingen

- LDO = Liber Divinorum Operum. In: Patrologie Latina 197,col. 739-1038.
- Sc = Scivias Domini. In: Patrologia Latina 197, col. 383-738.
- CC = Causae et curae. Ed. P. Kaiser. Lipsiae 1903.
- S = Symphonia. Gedichte und Gesänge. Hrsg. W. Berschin und H. Schipperges. Gerlingen 1995.

Paracelsus

- Theophrast von Hohenheim, gen. Paracelsus: Sämtliche Werke. I. Abt.: Medizinische, naturwissenschaftliche und philosophische Schriften. Hrsg. Karl Sudhoff. Bde. I – XIV. München, Berlin 1922 –1933.

Novalis

- Novalis. Schriften. Die Werke Friedrich von Hardenbergs. Hrsg. Paul Kluckhohn und Richard Samuel. Bde. I-V. Darmstadt 1960 – 1975.

Goethe

- Johann Wolfgang Goethe: Sämtliche Werke. Hrsg. Ernst Beutler. Zürich 1961 – 1966 (= Artemis-Gedenkausgabe).
- S = Goethes Werke. Hrsg. im Auftrag der Großherzogin Sophie von Sachsen. Weimar 1887 – 1919 (Fotomechanischer Nachdruck der Sophienausgabe. München 1987).

Nietzsche

- Friedrich Nietzsche: Werke in drei Bänden. Hrsg. Karl Schlechta. München 1954 – 1956.
- KSA = Kritische Gesamtausgabe der Werke. Hrsg. Giorgio Colli und Mazzino Montinari. Berlin 1967.

Weizsäcker

- Viktor von Weizsäcker: Gesammelte Schriften. Hrsg. Peter Achilles, Dieter Janz, Martin Schrenk, Carl Friedrich von Weizsäcker. Bde. I – X. Frankfurt 1986 – 1990.

Literatur

Apel, Karl Otto: Das Leibapriori der Erkenntnis. In: Neue Anthropologie. Hrsg. H.G. Gadamer u. P. Vogler. Bd. 7. Stuttgart 1975, S. 264 – 287.

Auersperg, Alfred Prinz: Schmerz und Schmerzhaftigkeit. Berlin, Göttingen, Heidelberg 1963.

Bergdolt, Klaus: Leib und Seele. Eine Kulturgeschichte des gesunden Lebens. München, 1999.

Bielefeld, J. (Hrsg.): Körpererfahrung. Grundlage menschlichen Bewegungsverhaltens. Göttingen, Toronto, Zürich 1986.

Böhme, Joachim: Die Seele und das Ich bei Homer. Phil. Diss. Göttingen 1929.

Bröer, Ralf: Die List der Leiblichkeit – zur Krankheitsauffassung Viktor von Weizsäckers. In: A Delicate Balance. Hrsg. W. Siegenthaler u. R. Haas. Stuttgart, New York 1994, S. 213-223.

Brüntrup, G.: Das Leib-Seele-Problem. Stuttgart, Berlin, Köln 1996.

Büchner Franz:: Von der Leiblichkeit des Menschen. Studium Generale 1 (1948) 419-425.

Buytendijk, Frederik J.J.: Prolegomena einer anthropologischen Physiologie. Salzburg 1967.

Carrier, M. und J. Mittelstraß: Geist, Gehirn, Verhalten. Das Leib-Seele-Problem und die Philosophie der Psychologie. Berlin 1989.

Carus,Carl Gustav: Physis. Zur Geschichte des leiblichen Lebens. Stuttgart 1851.

Christian, Paul: Das Personverständnis im modernen medizinischen Denken. Tübingen 1952;
-: Zur Phänomenologie des leiblichen Daseins. Jb. Psychol. Psychoth. 7 (1969) 5.

Damasio A.R.: Descartes' Irrtum. Fühlen, Denken und das menschliche Gehirn. München 1998;
-: Ich fühle, also bin ich. München 2000.

Dennet, D.: Philosophie des menschlichen Bewußtseins. Hamburg 1994.

Duden, Barbara: Geschichte unter der Haut. Stuttgart 1987.

Fast, Julius: Körpersprache. Hamburg 1971.

Fedrowitz, J. (Hrsg.): Neuroworlds. Gehirn – Geist –Kultur. Frankfurt 1994.

Gadamer, Hans-Georg: Leiberfahrung und Objektivierbarkeit. In: Festschrift aus Anlaß der Verleihung des Dr.M. Egnér-Preises 1986. Dr. Margit Egnér Stiftung 1986, S. 33-43.

Gebsattel, Viktor E. von: Prolegomena einer medizinischen Anthropologie. Berlin, Göttingen, Heidelberg 1954.

Geyer, Hans F.: Gedanken des Leibes über den Leib. Philosophisches Tagebuch VI. Freiburg 1974.

Gravenkamp, Horst: Geschichte eines elenden Körpers. Lichtenberg als Patient. Göttingen 1989.

Gundolf, Friedrich: Wesen und Beziehung (1911). In: Beiträge zur Literatur- und Geistesgeschichte. Hrsg. Victor A. Schmitz und Fritz Martini. Heidelberg 1980, S. 150-175.

Hammer, Felix: Leib und Geschlecht. Philosophische Perspektiven von Nietzsche bis Merleau-Ponty. Bonn 1974.

Heidegger, Martin: Sein und Zeit. Halle 1927.

Hengstenberg, H.E.: Der Leib und die letzten Dinge. 1955.

Horgan, John: Der menschliche Geist. Wie die Wissenschaften versuchen, die Psyche zu verstehen. München 2000.

Humboldt, Wilhelm von: Über die Verschiedenheit des menschlichen Sprachbaues. Berlin 1836.

Husserl, Edmund: Die Krisis der europäischen Wissenschaften und die transzendentale Phänomenologie. In: Husserliana, Bd. 6, Den Haag 1954, S. 314-348.

Imhof, Artur E.: Leib und Leben in der Geschichte der Neuzeit. Berlin 1983;
- (Hrsg.): Der Mensch und sein Körper. Von der Antike bis heute. München 1983.

Jünger, Ernst: Sprache und Körperbau. Frankfurt 1949.

Jütte, Robert: Geschichte der Sinne. München 2000.

Jüttemann, Gerd (Hrsg.): Die Geschichtlichkeit des Seelischen. Der historische Zugang zum Gegenstand der Psychologie. Weinheim 1986;
- (Hrsg.): Die Seele. Ihre Geschichte im Abendland. Weinheim 1991.

Kamper, Dietmar und Volker Rittner (Hrsg): Zur Geschichte des Körpers. München, Wien 1976.

Kamper, Dietmar und Christoph Wulf (Hrsg.): Die erloschene Seele. Disziplin, Geschichte, Kunst, Mythos. Berlin 1988.

Kant, Immanuel: Werke in zehn Bänden. Hrsg. Wilhelm Weischedel, Darmstadt 1968.

Kolta, Kamal Sabri u. Doris Schwarzmann-Schafhauser: Die Heilkunde im Alten Ägypten. Sudhoffs Archiv, Beiheft 42. Stuttgart 2000.

Kuhlenbeck, Hartwig: Gehirn, Bewußtsein und Wirklichkeit. Darmstadt 1986.

Kessler, Herbert: Die Welt des Menschen. Sankt Augustin 1992.

Lorscheid, Bernhard: Das Leibphänomen. Schelers Wesensontologie des Leiblichen. Bonn 1962.

Luyten, Norbert A. (Hrsg.): Wesen und Sinn der Geschlechtlichkeit. Freiburg,München 1985.

Mann, Thomas: Nietzsches Philosophie im Lichte unserer Erfahrung. Stockholm 1947.

Marcel, Gabriel: Leibliche Begegnung. In: Leib, Geist, Geschichte. Hrsg. Alfred Kraus. Heidelberg 1978, S. 47-73.

Milz, Helmut: Der wiederentdeckte Körper. Vom schöpferischen Umgang mit sich selbst. München 1994.

Milz, Helmut und M.Varga v. Kibád (Hrsg.): Körpererfahrungen. Anregungen zur Selbstheilung. Zürich, Düsseldorf 1998.

Mittelstraß, Jürgen: Das Leib-Seele-Problem. In: Enzyklopädie, Philosophie und Wissenschaftstheorie. Hrsg. J. Mittelstraß, Bd. 2,S. 581-584.

Montagu, Ashley: Körperkontakt. Stuttgart 1974.

Morris, David B.: Krankheit und Kultur. München 2000.

Orban, Peter: Psyche und Soma. Über die Sozialisation des Körpers. Frankfurt 1988.

Petzold, Hilarion: Die neuen Körpertherapien. Paderborn 1977.
-(Hrsg.): Leiblichkeit. Philosophische, gesellschaftliche und therapeutische Perspektiven. Paderborn 1985.

Pfeil, Hans und Heinrich Schipperges: Der menschliche Leib aus medizinischer und philosophischer Sicht. Aschaffenburg 1984.

Pflügler, Peter Michael (Hrsg.): Die Wiederentdeckung des Leibes. Fellbach 1981.

Plügge, Herbert:Zur Phänomenologie des Leiberlebens. Jb. Psychol.Psychoth. 5 (1958) 163;
-: Wohlbefinden und Mißbefinden. Tübingen 1962;
-: Der sprachliche Ausdruck für unser Befinden. In: Psyche 19(1965/66) 269-285;
-: Der Mensch und sein Leib. Tübingen 1957;
-: Vom Spielraum des Leibes. Salzburg 1970.

Podlach, Adalbert: Der Leib als eine Weise des In-der-Welt-Seins. Bonn 1956.

Poucel, Victor: Gegen die Widersacher des Leibes. Freiburg 1955.

Rager, Günter (Hrsg.): Ich und mein Gehirn. Persönliches Erleben, verantwortliches Handeln und objektive Wissenschaft. Freiburg, München 2000.

Rahner, Karl und Albert Görres: Der Leib und das Heil. Mainz 1967.

Rohde, Erwin: Psyche. Seelenkult und Unsterblichkeitsglaube der Griechen. Stuttgart o.J.

Rothacker, Erich: Probleme der Kulturanthropologie. Bonn 1948.

Schipperges, Heinrich: Historische Aspekte einer Symbolik des Leibes. In: Antaios 9 (1967) 168-180;
-: Gesundheit als geistiges Phänomen bei Friedrich Nietzsche. In: Der Horizont 10 (1967) 96-110;
-: Am Leitfaden des Leibes. Zur Anthropologik und Therapeutik bei Friedrich Nietzsche. Stuttgart 1975;
-: Idee und Wirklichkeit des Leibes. In: Reproduktion des Menschen. Hrsg. A.Peisl u. A. Mohler.Frankfurt 1981, S. 142-173;
-: Kosmos Anthropos. Entwürfe zu einer Philosophie des Leibes. Stuttgart 1981;
-: Entwurf einer Philosophie der Ästhetik bei F. Nietzsche.In: Zusammenhang. Hrsg. O. Baur u. O. Glandien.Köln, 1981, S. 187 – 801;
-: Zur Bedeutung der Geschlechtlichkeit in medizinhistorischer Sicht. In: Wesen und Sinn der Geschlechtlichkeit. Hrsg. N.A. Luyten. Freiburg,München 1985, S. 171-211;
-: Sexualität als anthropologisches Phänomen. In: Lexikon der Biologie 7 (1986) 415-418;
-: Die Vernunft des Leibes. Graz, Wien, Köln 1984;
-: Leiblichkeit – physiologischer Befund und anthropologische Konsequenzen. In: Gott schuf den Menschen als Mann und Frau. Hrsg. Paulus Gordan. Graz 1989, S. 105-129.

Schmitz, Hermann: Der Leib. System der Philosophie. Bd. II, 1, Bonn 1985;
-: Leib und Gefühl. Paderborn 1989.

Siewerth, Gustav: Der Mensch und sein Leib. Einsiedeln 1953.

Starobinski, Jean: Kleine Geschichte des Körpergefühls. Frankfurt 1991.

Stählin, Wilhelm: Der Sinn des Leibes. Stuttgart 1934.

Tellenbach, Hubert: Geschmack und Atmosphäre. Medien menschlichen Elementarkontaktes. Salzburg 1968.

Thurneysen, André (Hrsg): Der Leib – seine Bedeutung für die heutige Medizin. Bern, Berlin, Wien 2000.

Zoglauer, Thomas: Gehirn und Geist. Göttingen 1998.

Zur Lippe, Rudolf: Am eigenen Leibe. Ein Beitrag zur Ökonomie des Lebens. Frankfurt 1978;
-: Es ist der Leib, der die Musik macht. In: Musik und Körper. Hrsg. Werner Putz. Musikpädagogische Forschung. Bd. 11, S. 43-55.

Zutt, Jürg: Über den tragenden Leib. Jb. Psychol. Psychoth. 6 (1958/59) 166-175.

Verlagshinweise

Christof Wilhelm Hufeland:

Makrobiotik

- oder die Kunst, das menschliche Leben zu verlängern-

Gebundene Ausgabe ISBN 3-929011-17-4

Hufelands großer hygienischer Ratgeber ist eines der zentralen deutschsprachigen Werke der romantischen Medizin.

Für Hufeland ist Medizin eine Lebenskunst, die die Fülle des Seins umfaßt: Essen und Schlafen, Denken und Bewegung, Lieben und Muße. In seinem Werk entwickelt er, getragen von einer reichen Sprache und dem strengen Stil seiner Zeit, einen umfassenden medizinischen Ratgeber, der nicht nur für Krankheitsfälle gedacht ist. Vielmehr sieht sich Hufeland als ein Begleiter zu einem reicheren, erfüllteren Leben.

Diese Quelle wurde nach einer Originalausgabe neu herausgegeben und mit einer kurzen Einleitung versehen.

Christof Wilhelm Hufeland:

Guter Rath an Mütter

über die wichtigsten Punkte der physischen Erziehung der Kinder
- Nachdruck der Ausgabe Leipzig 1830 -

Gebundene Ausgabe ISBN 3-929011-33-6

Auch schon in der Deutschen Romantik scheint Elternschaft nicht leicht gewesen zu sein. So kann zumindest der Leser von Hufelands „Guter Rath..." schlußfolgern, der an die Adresse der Mütter (und Väter ?) seiner Zeit gerichtet ist.

In der ihm eigenen Ganzheitlichkeit und mit der sprachlichen Brillianz seiner Bildung entwickelt Hufeland einen Aufruf zum rechten Umgang mit Kindern, der Versorgung, Ernährung aber auch Erziehung umfaßt. Dabei erweist er sich als großer Praktiker. Wer ihn gelesen hat, weiß: Sein „Rath" mag altehrwürdig sein, er ist nicht antiquiert. Ein gutes Buchgeschenk für humanistisch interessierte Eltern.

Sebastian Kneipp:

Ratgeber
für Gesunde und Kranke

Gebundene Ausgabe ISBN 3-929011-34-4

Wie kaum eine anderer Autor hat der Donauwörther Pfarrer Sebastian Kneipp die Entwicklung der neuzeitlichen Präventivmedizin geprägt und beeinflußt. Generationen von Wassertretern und fleißigen Kurlaubern huldigen – meist unbekannter Weise – seinen Empfehlungen.

In den Schriften Kneipps (geplant ist auch eine Neuedition seiner „Wasserkur") nimmt der Ratgeber eine Schlüsselstellung ein. Er ist für die Hand des gesundheitsbewußten Menschen verfaßt, der seinen Leiden präventiv begegnen will.

Der AFV ediert die hervorragende Ausgabe Donauwörth 1891 neu. Wir empfehlen Sie dem Romantikforscher, dem humanistischen Mediziner und dem Gesundheitsbegeisterten gleichermaßen.

Sebastian Kneipp:

Kinderpflege
in gesunden und kranken Tagen

Gebundene Ausgabe ISBN 3-929011-37-9

Etwas im Schatten der großen Ratgeber steht Kneipps Handbuch über die Kinderpflege.
Es orientiert sich inhaltlich an den diätetischen Vorbildern der Ratgeber und der Hydrotherapie, die mit dem Namen Kneipps zu Recht verbunden wird.

Die klinischen Ratschläge sind angereichert mit zahlreichen Fallgeschichten, die vortrefflich die Vorstellungswelt des Autors, aber auch die pathophysiologischen und pädiatrischen Entwürfe seiner Zeit illustrieren.

Kneipps Kinderpflege ist für Eltern ein ideales Buchgeschenk – und nicht nur für sie.

Albert Mathias Bering:

Versuch einer Pastoral-Medizin

Gebundene Ausgabe ISBN 3-929011-18-2

Die soziale Umordnung im späten 18. Jahrhundert und im gesamten 19. Jahrhundert führte zur Entwicklung einer eigenen Disziplin an der Schnittstelle von Medizin und Seelsorge, der „Pastoralmedizin". In ihr wird Hygiene, eine Erfahrungskunde von der rechten Gestaltung des Lebens, auf praktische und sehr direkte Weise mit dem religiösen Sittengesetz verbunden. Die Pastoralmedizin nimmt damit Vorläuferfunktionen für die medizinische Ethik der heutigen Tage und die christliche Soziallehre des 20. Jahrhunderts ein.

Mit Albert Mathias Berings Werk ist ein früher Vertreter dieser literarischen Gattung im originalen Nachdruck der Ausgabe von 1809 verfügbar. Der Autor nutzt einen klaren, direkten Stil, der eindrucksvoll den Wissensstand der Medizin zu Beginn des 19. Jahrhunderts spiegelt. Seine Schrift ist in ihrer reichen, bisweilen blumigen Sprache ein Leseschmaus.

C. Capellmann

Pastoral-Medicin

Nachdruck der Ausgabe Aachen 1895

Herausgegeben und eingeleitet von Frank Löhrer

Gebundene Ausgabe ISBN 3-929011-31-X;

Unter den vom AFV edierten Quellen der romantischen deutschsprachigen Medizin markiert der Titel von Capellmann den Schlußpunkt einer Entwicklung. Seine Schrift antizipiert die Ergebnisse der Hygieneforschung und der sich entwickelnden Mikrobiologie. Darüber hinaus kann er auf eine breitere Allgemeinbildung, insbesondere im Bereich der Sexualaufklärung und Hygiene bauen. Seine Schrift markiert gleichzeitig eine untergründige Auseinandersetzung mit der sich immer rigider und enger entwickelnden kirchlichen Lehrmeinung. Er ist damit nicht nur Zeugnis einer medizinischen, sondern auch einer theologischen Tradition.

D.W. Trillers

Diaetetische Lebensregeln

-oder Belehrung, wie es anzufangen ein hohes Alter zu erlangen.

Herausgegeben und eingeleitet von Heinrich Schipperges

Broschierte Ausgabe ISBN 3-929011-26-3

Ein Lehrgedicht in 130 Strophen über die Kunst, ein langes Leben zu erlangen. Es empfiehlt sich für alle, die lange leben wollen, als Handreichung, für die, die schon langes Leben genießen, als Geschenk und Anerkennung. Dem Autor selber war sein Gedicht ein Hymnus auf die ihm gegebene Gnade des Lebens und ein Dank an seinen Schöpfer.

P.B. Sepp:

Wichtige Gesundheitsregeln

- nicht bloss den Schülern, sondern auch den Eltern und treuen Pflegern der Jugend in wohlmeinendster Absicht gewidmet -

unveränderter Nachdruck mit neuer Einleitung nach der Ausgabe Augsburg 1892

Broschierte Ausgabe ISBN 3-929011-16-6

Der königlich Bayerische Oberschullehrer Sepp hat 1892 zur Bildung und Erziehung seiner Schüler ein Heftchen verfaßt, in dem er ihnen „weise und gute Lehren" erteilt zur rechten Haltung beim Lernen, zur richtigen Ernährung und Kleidung, zu allen ihm wichtig erscheinenden Fragen der Hygiene also.

Sepps Büchlein ist Ausdruck für eine ganzheitlich ausgerichtete Pädagogik, der auch soziales Engagement nicht fremd war. Seine Schrift ist nicht nur Kuriosität, sondern ein wichtiges Zeitzeugnis, das wir dem Fachmann wie dem interessierten Laien erhalten wollen.

Johann Christian Reil:

Rhapsodieen

über die Anwendung der psychischen Curmethode auf Geisteszerrüttung

Gebundene Ausgabe ISBN 3-929011-35-2

Mit den Rhapsodieen von Reil liegt ein Werk der romantischen Medizin vor, mit dem der Autor es wagt, eine neue Richtung zur Behandlung von psychisch Kranken einzuschlagen. Er anerkennt diese Kranken als Persönlichkeiten und Individuen, als Menschen, die behandlungsbedürftig und einer medizinischen Behandlung würdig sind. Reil entwickelt seine psychiatrische Behandlungsmethode auf einem soliden medizinsichen wie humanistischen Fundament. In seinen Rhapsodieen widmet er sich Methoden zur individuellen und subjektiven Entlastung von Dauerhospitalisierten in psychiatrischen Kliniken.

Ein bedeutendes Werk der romantischen Medizin, das es verdient, nicht bloß zitiert, sondern auch gelesen zu werden.

Konstantinus Africanus:

Zwei Bücher über die Melancholie

Gebundene Ausgabe ISBN 3-929011-03-4

Die beiden Melancholietraktate des Konstantinus Afrikanus stellen die zentrale Quelle der Medizin der salernitanischen Schule dar. Das Werk ist logisch von der galenischen Medizin her bestimmt und wurde von Konstantinus glänzend didaktisch und praktisch aufbereitet. Es bietet daher einen idealen Überblick über die Krankheitstheorie im frühen Mittelalter und empfiehlt sich als Einstieg in ein Studium der Medizin des 12.-14. Jahrhunderts.

Der AFV bietet in seiner Edition die arabisch-lateinische Parallelausgabe mit dem textkritischen Apparat von Karl Garber und dessen deutsche Übersetzung. Der Text ist damit auch für Studien am Original geeignet. Dem Laien bietet die deutsche Übersetzung eine entsprechende Hilfe. Eine für mediaevistische, psychiatriegeschichtliche und medizingeschichtliche Forschung unverzichtbare Quelle.

Heinrich Schipperges:

Leiblichkeit

-

Studien zur Geschichte des Leibes

Gebundene Ausgabe ISBN 3-929011-36-0

Der im Bereich der Medizingeschichte renommierte Autor leistet mit dieser Studie einen einzigartigen Beitrag zur Geschichte des Leibes, ein Thema, zu dem sich in der Literatur kaum etwas Umfassendes findet.

Es geht hier nicht um eine rein medizinische, biologische Sichtweise eines funktionellen Körpers. Der Leib ist für den Autor mehr. Er betrifft den ganzen Menschen, durch den Leib tritt der Mensch in den Dialog mit der Welt.

Der Leib wird unter verschiedenen Aspekten betrachtet, so u.a. sprachlich, historisch und philosophisch

Diese Studie ermöglicht einmal eine andere Betrachtungsweise über das Thema des Körpers, die um so interessanter ist, da der Körper heute
in unserer Gesellschaft eine (kommerziell) wichtige Rolle spielt.